LOS NIÑOS Y LA ORACIÓN

Los Niños y la Oración

Juntos en el camino

BETTY SHANNON CLOYD

Editorial Portavoz

Título del original: *Children and Prayer*, © 1997 por Betty Shannon Cloyd y publicado por Upper Room Books, Nashville, Tennessee 37202.

Edición en castellano: *Los niños y la oración*, © 2000 por Betty Shannon Cloyd y publicado por Editorial Portavoz, Grand Rapids, Michigan 49501. Todos los derechos reservados.

Ninguna parte de esta publicación podrá reproducirse de cualquier forma sin permiso escrito previo de los editores, con la excepción de citas breves en revistas o reseñas.

Traducción: Daniel Menezo

EDITORIAL PORTAVOZ
P.O. Box 2607
Grand Rapids, Michigan 49501 USA

Visítenos en: www.portavoz.com

ISBN 0-8254-1133-5

1 2 3 4 5 edición / año 04 03 02 01 00

Impreso en los Estados Unidos de América
Printed in the United States of America

Para mis hijos:
Mark, Cindy, Tim y Suzanne, y sus esposas Tereese, Jim, Rebecca, Scott, y para mi nieta, Maggie, que han manifestado el Espíritu de Dios en mi vida; y para Tom, mi esposo, mejor amigo y alma gemela en este peregrinaje de la fe.

Índice

Prólogo 9

Introducción 11

Capítulo uno
Dejen que los niños vengan 15

Capítulo dos
A personas como ellos 23

Capítulo tres
Edades y fases 33

Capítulo cuatro
El viento sopla de donde quiere 47

Capítulo cinco
Pautas para enseñar a orar a los niños 55

Capítulo seis
Modelos de oración para usar con niños 71

Capítulo siete
   Actividades para potenciar la experiencia de la
   oración en los niños 85

Capítulo ocho
   Y un niño pequeño los guiará 97

Capítulo nueve
   Una guía para padres y otras personas que
   aman a los niños 109

   Entrevistas con niños 125

   Oraciones 147

   Notas 151

Prólogo

Los niños siempre ocuparon un lugar especial en mi corazón. Constituyeron una parte esencial de mi vida mientras trabajé con ellos en escuelas públicas, en misiones en África y entre los nativos norteamericanos, así como en diversos medios eclesiales a lo largo de mi país.

Mis cuatro hijos y mi nieta tuvieron un papel vital en mi realización personal, y en los últimos años, cada vez me he interesado más y más por la situación de los niños en nuestras iglesias y comunidades en todo el mundo. ¡Parecen tener tanta prisa! Son como un rebaño, acosados por todas partes. Los días de despreocupación propios de la infancia parecen haber desaparecido.

Estoy preocupada por la vida física de nuestros niños, pero aún más por la vida espiritual, la cual parece estar terriblemente subdesarrollada, y a menudo desatendida. Debido a esta preocupación, buena parte de mis lecturas e investigaciones en los últimos años se ha centrado en el mundo de los niños y su formación espiritual.

Cuando participé en una Academia sobre Formación Espiritual, y en segundo año me asignaron un proyecto, elegí uno que me tocara de cerca: Los niños y la oración. Como parte de ese trabajo, entrevisté a niños de diversas razas y edades sobre su creencia en Dios y la práctica de la oración. La mayor parte provenían de un contexto eclesial, pero otros pertenecían a hogares donde los padres no asistían a la iglesia. A medida que iba ampliando mi proyecto, vio la luz este libro.

Las palabras de los niños, los conceptos que expresaron, la luz en sus rostros cuando hablamos de asuntos espirituales, me afectaron profundamente. He procurado en estas páginas ser fiel a sus comentarios, los expresados en palabras, tanto como los transmitidos por medio de su lenguaje gestual. También he conservado las oraciones que introducen cada capítulo tal y como ellos las redactaron. Lo único que hice fue corregir las palabras ilegibles con miras a una mejor comprensión.

Aunque este libro es sobre los niños y sus oraciones, no pretendo ser una experta en estos temas. Mis hijos me enseñaron tanto como yo a ellos, y a menudo desearía disponer de otra oportunidad para volver a criarlos. Cierta vez leí que la vida es un extraño maestro. Primero nos somete a los exámenes y luego nos ofrece las respuestas. No se trata de que ahora disponga de todas las respuestas, pero creo que tengo algunas de ellas. También me hubiera gustado que cuando mis hijos fueron pequeños conociera algunas de las cosas que sé ahora sobre la oración y la vida espiritual. Con ellos hemos sido peregrinos orando y aprendiendo juntos, y quizá así es como deba ser.

Le estoy agradecida a Janice Grana, Robin Pippin, Jan Knight, JoAnn Miller, Sarah Linn y Karen F. Williams por creer que este proyecto tenía la potencialidad para convertirse en un libro. Aprecio el ánimo que me dieron a lo largo del camino.

También agradezco a Millie S. Goodson, Marion Parr y Suzanne Cloyd Hultman, por leer el manuscrito y ofrecerme sus sugerencias e ideas. Su ayuda ha sido inapreciable. Por último, también quiero expresar mi gratitud a mi esposo Tom, que me ayudó en muchos sentidos a llevar a buen puerto esta obra.

—Betty Shannon Cloyd

Introducción

Los niños son un don de Dios y, por consiguiente, deberían constituir nuestro más preciado tesoro. Sin embargo cuando los cristianos que estamos a diario con ellos, leemos acerca de las muchas atrocidades por las que pasan en el mundo, acerca de miles que mueren de hambre y mala nutrición cada día, cientos de miles que viven en la pobreza y, cuando nos enteramos de los que son maltratados o abandonados, nos preguntamos hasta qué punto nuestra sociedad valora a los niños.

Aparte del descuido y los malos tratos a que son sometidos, circunstancias que nos abordan desde nuestras pantallas de televisión y desde los periódicos, es evidente que existe otra forma de pobreza que afecta a los niños de todo el mundo. Aunque se trata de un tipo de pobreza más difícil de detectar y medir, se aprecia su poder en las vidas, tanto de los que no tienen problemas económicos como en las de aquellos otros que carecen de dinero. Se trata de la pobreza espiritual, ese abismo en la vida que consiste en no saber que ha sido creado por un Dios que le ama con amor infinito; es la carencia de fundamento espiritual, que es lo que le da a la vida significado y esperanza.

Un factor contribuyente a esta pobreza espiritual es que, en los últimos años hemos gastado mucho tiempo y energías centrándonos en temas propios de adultos. Nos hemos interesado por nuestro mundo interior, por quiénes somos como individuos, y por cómo satisfacer nuestras necesidades pendientes. Hemos prestado mucha atención a nuestro propio desarrollo, a explorar nuestra potencialidad, y a maximizar los puntos fuertes de nuestro ego. Desgraciadamente, por importantes que sean estas cuestiones, esta preocupación egocéntrica ha dado como resultado la indiferencia hacia los niños que conviven con nosotros.

Leonard Sweet, en su libro *Los terremotos de la fe* expresa que, a nivel nacional, en los últimos años hemos estado obsesionados con "el niño interior" y el "desarrollo personal". Dice que ha llegado el momento de ocuparnos del "niño exterior", el real de nuestro hogar, de nuestra sociedad y del mundo, que es el momento de "tratarlo como un miembro valioso y responsable de la sociedad y de la iglesia".[1]

Otro de los factores que ha contribuido a este vacío espiritual es el síndrome de la infancia apresurada. En la última década, nuestra sociedad ha llegado a considerar la infancia como una época por la que hay que pasar a toda velocidad, para llegar al estadio que suele calificarse como "más positivo", el de la madurez. Podemos ver estos indicadores en las ropas y cosméticos que siendo propios de adultos, usan los niños y, en los programas televisados y películas que a pesar de que su contenido esta reservado para adultos, se permiten ver a los menores.

Mientras los pequeños corren a toda velocidad atravesando su etapa infantil para entrar en la adolescencia y luego en la madurez, los maravillosos días de la infancia se diluyen y, en esa vorágine, con frecuencia se pasa por alto su naturaleza espiritual.

Si nosotros, como gente de fe, valoramos a nuestros hijos, debemos admitir que una de nuestras responsabilidades más importantes es la de ayudarles a estar en contacto con su mundo espiritual. Para que sean capaces de conseguir esto, necesitan disponer de tiempo y espacio para crecer en el conocimiento de Dios. Debemos ayudarles a darse cuenta de que Dios los creó, y desea mantener una relación constante con ellos (Jer. 1:5). Existe un lazo misterioso entre el Creador y la pequeña criatura, y los adultos a cargo de esa vida infantil tienen la responsabilidad de asegurarse de que esa relación siga creciendo. Para que una persona se desarrolle plenamente en el ámbito espiritual, necesita que su naturaleza espiritual se nutra y madure. En última instancia, los niños deben comprender que Dios les ama con amor eterno no por lo que hagan, no por su aspecto o comportamiento, ni por lo que consigan en la vida, sino porque los ha creado y ama incondicionalmente.

Durante siglos, se consideró que el hogar era la fuente primaria para hacer madurar al niño en su vida espiritual. Para casi cualquier pequeño, leer las Escrituras, cultivar la vida de oración y aprender valores morales y espirituales era una parte vital de su vida en el hogar. Sin embargo, en las últimas décadas, el énfasis ha cambiado y ahora se piensa que la fuente primaria de formación cristiana se encuentra en la iglesia, relegando al hogar a un segundo plano. Este es un factor que también ha contribuido a la pobreza espiritual a la que nos referimos. Ahora estamos dándonos cuenta de que, por mucho que se esfuercen los maestros de clases bíblicas, apenas una hora, un día a la semana, no alcanza para ofrecer ese tipo de nutrición, guía y formación espirituales que requieren nuestros niños. El énfasis debe volver a recaer en el hogar y en los adultos primarios en la vida del niño. Por supuesto, la escuela bíblica y la iglesia deben seguir influenciando, pero la responsabilidad principal de formarlo en el camino de la fe debe centrarse en los adultos y el hogar. Ha llegado la hora de que los padres reclamen esa función.

Como responsables de niños, una de las maneras de hacer esto es asumir la importante labor de ejemplificar lo que es una vida de fe. Este libro se centra en cómo puede un adulto ser un buen modelo de una vida de oración, al mismo tiempo que ayuda al pequeño a desarrollar su propia vida en comunión con Dios. Podemos decir: "¡No puedo enseñar a orar a mis hijos porque ni siquiera yo sé cómo orar!" En ese caso, espero que este libro le ayude en su peregrinaje por la oración mientras enseña a orar a su hijo o hija. He incluido ideas, recursos, ilustraciones y ejemplos para ayudarle en su misión.

Enseñar a orar a un niño no supone una tarea tan amenazadora como podría parecernos a primera vista, porque contamos con la ayuda del Espíritu Santo. Además, cuando no sabemos qué es lo que nos conviene pedir en oración, el Espíritu intercede por nosotros.

Cuando comprendamos que como adultos, somos los que preparamos el camino del Señor veremos que nuestra misión es la de crear un refugio de hospitalidad, un lugar que diga "bienvenido" al Espíritu Santo. Para facilitar este proceso, debemos apartar un tiempo y un espacio donde pueda tener lugar semejante proceso. Y saber que no estamos solos, pues Él nos ofrece fuerzas para nuestra labor.

Alguien expresó que no somos seres humanos que intentan tener una experiencia espiritual, sino seres espirituales que tienen una experiencia humana. La oración es la avenida que nos permite tener una relación constante con aquel que nos creó como seres espirituales. Espero que Dios les bendiga, a usted y al niño del que cuida, a medida que avanzan juntos por esta aventura de la oración.

CAPÍTULO UNO

Dejen que los niños vengan

AMADO DIOS:
GRACIAS POR LOS ÁRBOLES, QUE NOS PERMITEN RESPIRAR.
GRACIAS POR LOS ALIMENTOS. GRACIAS POR LA IGLESIA. AMÉN
DANIEL, 9 AÑOS

Jesús amaba profundamente a los niños. Comentó que la sencilla confianza y la fe que manifiestan les permiten apreciar claramente las cuestiones espirituales. Una de las historias más emotivas de los Evangelios nos habla de la relación de amor que Jesús mantuvo con los niños. Marcos lo explica de la siguiente manera:

> Y le presentaban niños para que los tocase; y los discípulos reprendían a los que los presentaban. Viéndolo Jesús, se indignó, y les dijo: Dejad a los niños venir a mí, y no se lo impidáis; porque de los tales es el reino de Dios. De cierto os digo, que el que no reciba el reino de Dios como un niño, no entrará en él. Y tomándolos en los brazos, poniendo las manos sobre ellos, los bendecía (Mr. 10:13-16).

Jesús también presentó a los niños como un ejemplo de lo que significaba ser un miembro ideal del reino de Dios.

De cierto os digo, que si no os volvéis y os hacéis como niños, no entraréis en el reino de los cielos (Mt. 18:3).

Algunas personas creen que, los niños están más cerca de Dios que nosotros los adultos, que llevamos más tiempo de vida y hemos acumulado muchas capas de experiencias a lo largo del camino; ese bagaje a veces nos impide ser plenamente confiados y sinceros frente a Dios. Mi amiga Nancy, que trabaja con niños, ha escrito:

¡Hay algo tan emotivo en la pureza e inocencia de la infancia! Los pequeños se hallan más cerca de Dios, porque aún no han adquirido todos los impedimentos de la religión: procedimientos administrativos, doctrina teológica, juegos de poder político. Lo único que conocen es la confianza, la fe, ¡y saben entregar su amor incondicionalmente! Nos conmueven, porque nos recuerdan esas cualidades que perdimos y valdría la pena recuperar. Sabemos sin duda alguna lo que quería decir Jesús cuando expresó que aquel que no reciba el reino de Dios como un niño, no podrá entrar en él.[1]

Creo que Nancy tiene razón cuando dice que Jesús veía en los niños algunos rasgos que perdimos y anhelamos recuperar. Por ejemplo, el candor que manifiestan los niños es muy refrescante. A veces su sinceridad nos puede poner en aprietos, pero de todos modos, ¡es vigorizante! No tienen agendas ocultas, no saben nada de los juegos de poder. Dicen la verdad tal y como la ven, hablan desde el corazón.

¿Ha observado alguna vez la curiosidad de un niño, las incontables preguntas que formula, sobre todo acerca de Dios? "¿Quién creó a Dios?" "¿Dónde vive Dios?" "¿Qué aspecto tiene Dios?" Se sienten intrigados por las cuestiones espirituales, y sienten un deseo insaciable de aprender todo lo que puedan de la vida. Y si no conocen las respuestas, no tienen reparos en preguntar, porque su misión más importante en esta vida es encontrar respuestas a sus preguntas. Jesús valoró correctamente la confianza y sentido de la dependencia que tienen los niños cuando llega una crisis. No pretenden ser autosuficientes, como nosotros, y admiten rápidamente su necesidad de ayuda. En una de mis entrevistas hablé con Rebeca, de cinco años: "Dios es bueno con nosotros y siempre está a nuestro lado" –me expresó creyendo que Dios estaba junto a ella cuando tenía alguna necesidad importante.

"Dios es muy especial –dijo Eva, también de cinco años, cuando le pregunté acerca de Dios–. Está siempre a nuestro alrededor, aunque no lo sepamos. Nos protege y nos cura cuando estamos enfermos".

Otra de las cualidades que apreciamos en los niños, y que Jesús entendía y valoraba, es su capacidad de sorprenderse, de maravillarse. Mi nieta, Maggie, me ha vuelto a enseñar lo que significa poder maravillarse, y disfrutar la alegría de un espíritu inquieto. Entregarme, con despreocupado abandono a correr tras los niños o a jugar al escondite beneficia grandemente a mi espíritu. Contemplar cómo vuela una bonita mariposa y recordar que Dios ha creado todas las cosas renueva mi fe. Quedarme maravillada junto a un niño frente a una puesta de sol o a la vastedad del océano, y observar su reacción de asombro y temor reverente, constituye una verdadera recreación. Los niños admiten en seguida que existe un ser superior que ha creado el mundo y sigue gobernándolo. Cuando conversé con Roberto, que tiene nueve años, le pregunté si recordaba la primera vez que sintió la presencia de Dios en su vida.

"Sí que me acuerdo –contestó luego de pensar por un minuto–. Vi el sol, grande, amarillo y brillante, y me recordó a Dios. Al principio pensé que era Dios, pero luego entendí que era el sol que Dios había creado, y eso me hizo recordarle".

Las criaturas conceden rápidamente a Dios el mérito de la Creación y poseen una misteriosa consciencia de su relación con Él. La siguiente historia de dos niños ilustra esta sensación que tienen de pertenecer a Dios.

Cuando el mayor de los dos tenía tres años, trajeron del hospital a su hermanita recién nacida. El chiquillo insistía en que su madre le dejara a solas unos instantes con la pequeña. Al principio ella dudó, porque no conocía sus intenciones. Pero el muchachito insistía, y al fin la madre cedió, pero se quedó escondida detrás de la puerta, desde donde veía y oía todo lo que pasaba en la habitación. Él se acercó con cuidado a la cuna del bebé.

"Cuéntame algo de Dios –expresó en voz baja inclinándose sobre la pequeña–. Creo que se me está empezando a olvidar".[2]

Quizá de estos pequeños podamos aprender muchas cosas que hemos olvidado sobre Dios y sobre la vida espiritual. Sabemos, a partir de las historias de los Evangelios, que Jesús amaba a los niños. Les concedía un estado superior al de los líderes religiosos, al de los personajes poderosos dentro del entorno político, y al de la élite social de su época. Y tal y como se relata en el Evangelio, nos transmite la solemne advertencia de que, a menos que recibamos el reino de Dios como un niño pequeño, jamás entraremos en él.

"Dejad a los niños venir a mi –dijo Jesús–, porque de los tales es el reino de los cielos".

El amor de Jesús hacia ellos, la confianza y la fe que les tenía, nos da un ejemplo para saber cómo debe ser nuestra relación con los pequeños. Debemos considerarlos nuestro mejor tesoro, porque para Jesús eran muy especiales. Nosotros, los que somos cristianos y criamos niños, debemos darnos cuenta de que una de nuestras misiones más vitales es la de pasar tiempo con ellos, enseñarles, guiarles y ayudarles a mantenerse en contacto con aquel que les ha dado la vida. Porque solo sabiendo a quién pertenecen sabrán quiénes son. Su identidad se encuentra en Dios.

Cuando pensamos en los niños y en su crecimiento espiritual, debemos considerar algunos estudios que se han llevado a cabo relativos a la espiritualidad infantil. Robert Coles, psiquiatra y catedrático, ha trabajado durante años en esto y en su libro *La vida espiritual de los niños* comenta que ese estudio le ha ayudado a apreciar a los niños como buscadores, como jóvenes peregrinos muy conscientes de que la vida es un viaje finito, ansiosos por hallarle un sentido, como lo hicimos –expresa–, los que estamos más avanzados en ese tiempo que nos ha sido concedido.[3]

En su extensa obra, el Dr. Coles entrevistó a muchos niños acerca de su comprensión de Dios. Estuvo conversando con párvulos cristianos, musulmanes, judíos, y con otros que carecían de contexto religioso. Entrevistó a niños de distintas culturas: americanos, irlandeses, israelitas, indios americanos y otros. También estudió a niños provenientes de todos los estratos socioeconómicos: De familias acaudaladas, pobres, del entorno urbano, etc. y sus descubrimientos fueron significativos.

Independientemente de su nacionalidad, su clase social o de si habían o no crecido en un entorno religioso, llegó a la conclusión de que todos tienen una profunda consciencia de Dios y de la vida espiritual. Es verdad lo que reza el viejo proverbio: "Dios y los niños hablan el mismo idioma".[4]

Marlene Halpin, una monja dominica, también ha realizado amplios estudios relativos a los niños y la oración. Llegando a la conclusión de que en los niños existe una profunda naturaleza espiritual que debemos nutrir y formar. La oración y nuestra relación con Dios son elementos vitales de este proceso.[5]

En el ministerio en que he estado involucrada junto a mi esposo, hemos descubierto que los niños tienen una vida espiritual, independientemente del lugar y las circunstancias del nacimiento. Tanto en Zaire, África, como en la reserva del pueblo navajo en América, apreciamos una espiritualidad infantil que nos llegó al corazón.

En las iglesias que conocimos a lo largo y ancho de nuestro país, nos hemos sentido agradecidos por la presencia de los niños, que han enriquecido nuestro conocimiento de Dios. Y en una de ellas, en la que desarrollamos nuestro ministerio, recuerdo a una joven madre que nos contó una interesante historia. Un día, su hija pequeña, que en aquel momento tenía cuatro años, entró corriendo a la casa.

Sus ojos brillaban, y estaba ruborizada de emoción. Era evidente que estaba nerviosa.

—¡Dios lo hizo! ¡Dios lo hizo, mami! —exclamó.

—¿Qué hizo? —preguntó la madre.

—Dios me habló —respondió la niña—. Le había pedido que me hablara y mientras iba por el jardín, ¡lo hizo!

Con una total ausencia de vergüenza y con una completa confianza en un Dios fiel, le contó a su madre la historia. Estuvo esperando que Dios respondiera a su oración, y lo había hecho. Así de fácil.

Durante la Segunda Guerra Mundial, mi padre fue convocado a incorporarse al ejercito, a pesar de ser mayor que la mayoría de los reclutas. Mi madre se quedó con cuatro hijos y con unos recursos económicos muy limitados. Cada año, mientras él estaba lejos, fuimos plantando y cuidando un gran jardín, en parte porque era un acto patriótico, pero sobre todo porque necesitábamos las hortalizas para complementar nuestra dieta.

Un día, cuando nos sentamos a la mesa para cenar, mi madre tenía una expresión muy seria en su rostro.

"Niños –dijo–, nuestro huerto está muy seco. Si no llueve pronto, perderemos todas nuestras hortalizas, y si eso sucede no tendremos comida ni ahora ni durante los meses del invierno. Vamos a orar antes de comer, y le expondremos a Dios nuestra necesidad".

Inclinamos nuestras cabezas e hizo una sencilla oración, diciéndole a Dios lo mucho que necesitábamos la lluvia, y concluyó dándole las gracias por escucharnos y responder a nuestra oración.

Cuando acabamos de cenar, mi hermano, el más pequeño de la familia, se levantó de la mesa y salió. Al cabo de unos minutos regresó, trayendo su camión, sus soldados de juguete y otras cosas con las que estuvo jugando en el jardín en la tarde. Mi madre le preguntó a qué parte iba con todo aquello.

"Bueno –contestó–, quiero meter en casa los juguetes antes de que llueva".

Los niños son así. Tienen una fórmula sencilla: Tenemos una necesidad, se la contamos a Dios; escucha nuestra oración y responde. Con su fe infantil los niños presentan a Dios las necesidades confiando en que es capaz de responderles, y desea hacerlo.

Jesús expresó hace tiempo:

"Dejad a los niños venir a mi, y no se lo impidáis; porque de los tales es el reino de Dios" (Lc 18:16).

Tanto si somos padres, abuelos o cualquier otro adulto importante en la vida de un niño, formarlo supone un tremendo reto y una oportunidad sagrada. Viendo todo ese quebrantamiento y ese dolor presentes en un mundo ajeno a las cosas del Espíritu, nuestra responsabilidad es la de ofrecer un lugar hospitalario, un lugar donde el Espíritu Santo sea bienvenido a nuestra vida y a la de nuestros niños. Por medio de una vida de oración podemos convertirnos en los que abran las puertas para que por ellas entre el viento del Espíritu.

CAPÍTULO DOS

A personas como ellos

AMADO DIOS:
TE DAMOS GRACIAS POR LOS ALIMENTOS,
POR LAS ROPAS QUE TENEMOS, Y POR EL TECHO
BAJO EL CUAL VIVIMOS. TE PEDIMOS POR LA GENTE
QUE NO TIENE CASA, PARA QUE ENCUENTREN UNA.
Y TE PEDIMOS POR LOS QUE ESTÁN EN EL HOSPITAL,
PARA QUE SE SANEN.

CAMILO, OCHO AÑOS

Cuando consideramos cómo ayudar a los niños en su experiencia de la oración, debemos comprender qué es la oración. Por supuesto, existen numerosas definiciones.

- Lo más importante de la oración nunca es lo que decimos o pedimos, sino nuestra actitud hacia Dios. Evelyn Underhill[1]
- Toda oración verdadera es una comunión de persona a persona, un encuentro con Dios. Mack B . Stokes[2]
- La oración es, claramente, el gran medio por el que nos acercamos a Dios. Juan Wesley[3]
- La verdadera y plena oración no es más que amor. San Agustín[4]

- La oración es la avenida principal que Dios utiliza para transformarnos. Richard Foster[5]
- La oración es un encuentro y una relación [con Dios]. Arzobispo Anthony Bloom[6]

Estas definiciones son válidas para los adultos que viven y trabajan con niños. Comprendemos las palabras y sus implicaciones. Pero en el caso de los niños necesitamos definiciones que puedan entender y apropiarse. Una definición de la oración que he descubierto que es útil para un niño es la siguiente:

> Orar es usar nuestras propias palabras para hablar con Dios sobre cualquier tema, y escucharle, en cualquier momento y en cualquier lugar.

La definición y comprensión de la oración que desarrollen los niños en sus primeros años será para ellos una fuerza que les guíe durante su viaje espiritual de toda la vida. Es importante establecer cimientos sólidos, porque los niños necesitan tener un concepto positivo del verdadero significado de la oración. Es difícil deshacer un malentendido.

Lo que deseamos sobre todo es ayudar a los niños a que encuentren su propia y especial forma de expresar sus sentimientos a Dios.

"En la oración –enunció C. S. Lewis–, exponemos [ante Dios] lo que hay en nosotros, no lo que debería haber".[7]

Esta es una idea importante que debemos aprender. Podemos contarle a Dios todo lo que llevamos en el corazón. Los niños también deben comprender que es bueno expresarle todos los sentimientos, seguros de que Dios escucha y entiende. Hemos de permitirles que oren con sus propias palabras, sin imponerles nuestra forma de orar y siguiendo su propio estilo. La espontaneidad y sinceridad son totalmente adecuadas para mantener una relación constante con un Dios de amor.

IDEAS PRECONCEBIDAS SOBRE EL DESARROLLO ESPIRITUAL DE LOS NIÑOS

Cuando pensamos en los niños y en la oración, así como en su crecimiento espiritual, debemos analizar ciertas ideas preconcebidas sobre su desarrollo religioso. Además de las investigaciones de Roberto Coles y Marlene Halpin, Sofía Cavalletti ha llevado a cabo notables estudios sobre la potencialidad religiosa de los infantes. En su libro *El potencial religioso del niño*, plasma sus descubrimientos y comenta que inicialmente asumimos que ese ser pequeño tiene una experiencia con Dios. Si no sostuviéramos este concepto, no existiría posibilidad de que el niño mantuviera comunicación y relación constantes con Él. Es posible que no sea capaz de expresar esa relación, o que por miedo al ridículo dude a la hora de hablar de ella. Es posible que en algunos casos no haga referencia a esa experiencia a no ser que se le anime, pero sea como fuere, asumimos que el niño es capaz de tener, y tiene experiencias válidas con Dios. Y estas son espontáneas, no inducidas por un adulto. Son auténticas, como concluyen numerosos otros estudios. Tales investigaciones demuestran cómo el niño es capaz de tener experiencias religiosas típicas de adolescentes y adultos, y tan válidas como ellas, auténticas en sí mismas y profundamente significativas para ellos.

En segundo lugar, Cavalletti escribe que asumimos "que la potencialidad religiosa del niño es una experiencia global en dos sentidos". Con "global" se refiere a que ese potencial afecta a todo el ser, no constituyendo únicamente una zona aislada del desarrollo infantil. Adicionalmente, afirma que es natural, "de modo que es esencial para lo que define a un ser humano, sin importar el lugar del mundo en que haya nacido". Roberto Coles corrobora esto, tras haber realizado exhaustivos estudios sobre el tema.

En tercer lugar, Cavalletti dice que damos por hecho que "los seres humanos no se hallan plenamente desarrollados a menos que se haya estimulado su potencialidad religiosa". Ciertamente, la oración es un elemento esencial para que tenga lugar este desarrollo. El crecimiento espiritual es intrínseco a la salud humana, a su plenitud y a su bienestar. En nuestra sociedad, estamos comenzando a comprender esta idea. Por ejemplo, en muchos hospitales, en las salas de urgencia, ahora hay un religioso, tanto como puede haber un médico, un trabajador social y un psiquiatra. Cada vez se admite más que la parte espiritual del ser humano necesita tanta atención como la que requiere su cuerpo físico.

Una cuarta asunción que propone Cavalletti es que el lenguaje religioso de la tradición judeocristiana "es muy poderoso como agente para describir, evocar y expresar" la experiencia que el niño tiene de Dios. Además, en dicha tradición tenemos grandes ejemplos de oraciones, que pueden guiar y fomentar la vida oracional infantil. La Biblia nos ofrece muchos ejemplos de oraciones poderosas, y nuestra tradición cristiana nos proporciona el léxico que nos permite orar.[8]

Me gustaría añadir dos ideas preconcebidas más a las de Cavalletti. La primera es que opino que lo que llegue a creer el niño acerca de Dios afectará en gran medida al modo en que se dirija a Él en oración. Es decir, que si el niño ve a Dios como una deidad cruel y severa, orará de una forma distinta a si la ve como un padre benévolo y amoroso. Recuerdo la angustia que me embargó en una ocasión cuando en una iglesia, escuché a un encargado de la guardería que decía a un grupo de niños de dos y tres años lo siguiente:

"Dios y Jesús no les querrán más si hacen eso". Me dio miedo que esa afirmación, y otras por el estilo, proporcionaran a los niños un concepto completamente erróneo de quién es Dios.

Nunca debemos decir o hacer nada que haga pensar a un niño que puede apartarse del amor de Dios. Más bien, debemos proclamar en todo momento el amor divino incondicional. Al entrevistar a un chico de siete años, le pregunté cómo pensaba que era Dios, y no me respondió. Entonces pregunté qué hace Dios por nosotros.

—Nos pega con el cinto —respondió abriendo los ojos.

—Pero, sabes que Dios te ama mucho, ¿verdad? —repliqué inmediatamente.

—Sí, ya sé que Dios es amor —contestó y se le iluminó el rostro.

Pero su primer comentario me preocupó. Si creen que Dios les está observando constantemente, listo para saltarles encima en cuanto hagan algo mal, sus oraciones se verán condicionadas por este concepto. Nunca debemos enseñar a los niños la teoría del "Dios ya les pillará". Hace algunos años, cuando mis hijos eran pequeños, vivíamos en el sudoeste del país. Un amigo nuestro nos regaló un enorme "ojo de Dios" para colgarlo en nuestra pared. Era el más grande que he visto en mi vida, medía casi un metro cuadrado. Como los colores le iban bien a la decoración del cuarto de mi hijo mayor, lo colgué encima de su cama. Allí se quedó durante un tiempo, sin que hiciéramos comentarios al respecto. Pero un día, se me acercó.

"Mamá –me dijo–, por favor, llévate ese ojo de mi cuarto. No quiero que Dios vea todo lo que hago".

Me di cuenta de que tenía que modificar un poco su concepto de Dios. Necesitaba comprender que se parece más a un amable pastor que nos cuida, y no tanto a un ser dispuesto a castigarnos por cualquier pequeña infracción. Aunque sabe lo que hacemos, nos ama a pesar de ello.

Del mismo modo, si los niños ven a Dios como un gigantesco Papá Noel celestial, orarán creyendo que, si necesitan cualquier cosa, lo único que deben hacer es pedírsela, y les será concedida. Este concepto de Dios limita mucho el poder que tiene el niño de orar. Del mismo modo que unos padres amantes tienen que decirle "no" a sus hijos en algún momento, Él debe hacerlo con nosotros. A veces, para nuestro propio bien debe decirnos "espera un poco", demorando lo que le hemos pedido. En estos días de gratificación inmediata, este es un concepto difícil de aceptar por los adultos y dificultoso para que lo entiendan los niños.

Por otra parte, si los párvulos consideran a Dios una divinidad débil y poco eficiente, o indiferente, que no nos oye ni se interesa por nosotros, orarán sin poner todo el corazón en ello. En sus oraciones no habrá fervor ni expectación.

"Dios nos ayuda. Cuando pasa algo malo –me aclaró Martín, de ocho años en la entrevista que tuve con él–, cuando se muere alguien, o se mete en algún lío, Dios está allí". Creía en un Dios poderoso y eficiente.

Debemos tener cuidado en lo que enseñamos acerca de Dios, porque luego es difícil corregir un concepto erróneo. Y puede ser más difícil si el error se lo enseñó un adulto en quien confiaba y a quien quería. A veces, durante el proceso de enmendar pueden surgir tremendas dudas sobre quién es Dios y sobre lo que puede hacer. Esto es algo que, en la medida de lo posible, deseamos evitar. Por lo tanto, creo que cuando enseñamos y formamos a los niños, el modo en que les transmitamos quién es Dios es vital para toda su vida de oración. En su libro *El Buen Pastor y el niño*, Sofía Cavalletti dice que debemos conceder al pequeño la oportunidad de "enamorarse de Dios".[9] Así es como queremos que piensen en Él: Es amor y que les ama incondicionalmente.

La segunda idea preconcebida que quiero destacar sobre los niños es que algunos de ellos son, por naturaleza, más contemplativos que otros. Algunos, desde el mismo momento de su nacimiento son más reflexivos y sus pensamientos son más profundos.[10] Sus espíritus están más sintonizados con la vida del Espíritu de Dios.

Ahora sabemos muchas más cosas sobre los tipos de personalidad de lo que sabíamos hace años. Y cada vez somos más conscientes de que el modelo distintivo con el que nacemos afecta poderosamente nuestra espiritualidad. Algunos de nosotros tendemos a ser extrovertidos, y otros introvertidos. Algunos somos más intuitivos y otros más analíticos. Ciertos niños son tremendamente observadores de su entorno y otros no. Algunos se sienten motivados por las cosas bellas, y otros por la actividad.

Debemos tener en cuenta esta información cuando involucremos a las criaturas en las cosas del espíritu. No todos los niños se sentirán motivados por lo que intentamos hacer. Debemos observar y aprender lo que encaje mejor con cada uno. Si lo que más le llega es la música, use la música. Si lo que el niño prefiere es un momento de calma, aparte ese momento. Con el tiempo iremos conociendo la personalidad de cada cual, y seremos más conscientes de qué métodos podemos usar para ayudarlo a "enamorarse" de Dios.

Las siguientes proposiciones nos ofrecen unos cuantos conceptos positivos y negativos acerca de Dios. Por supuesto, en nuestro trato con los niños, deseamos destacar los positivos y eludir los negativos.

Conceptos positivos acerca de Dios

1. Dios es amor y bondad.
2. Dios nos ha dado la vida, nos ama muchísimo y sabe lo que es mejor para nosotros.
3. Dios tiene muchas características: Creador, Consolador, Padre amante, Amigo...
4. Dios está activo en nuestro mundo.
5. Dios siempre nos escucha y comprende.
6. Dios nos ha concedido la libertad para tomar decisiones y nos ayuda al hacerlo.
7. A Dios no le gustan algunas de las cosas que hacemos, pero nos ama a pesar de todo, en Cristo (porque al aceptar su obra somos justificados).
8. Dios es infinito (vive para siempre).
9. Dios es espíritu (con el tiempo los niños comprenderán este concepto).

Conceptos negativos acerca de Dios

1. Dios es severo.
2. Dios es injusto.
3. Dios "nos persigue" (Dios es un entremetido, que observa todos nuestros movimientos).
4. Dios hace que nos pasen cosas malas.
5. Dios siempre nos da lo que le pedimos.

LA MEJOR MANERA DE QUE UN NIÑO APRENDA A ORAR ES MEDIANTE NUESTRO EJEMPLO

Sabemos que los niños aprenden de muchas maneras: Mediante la observación, la participación, la repetición y la estimulación. Se pueden utilizar estas formas tan válidas para enseñar al niño a orar. Sin embargo, creo que la mejor manera de que un niño aprenda es mediante el ejemplo que le demos con nuestra vida de oración.

Al hablar con adultos sobre su vida de oración y preguntarles cómo aprendieron a orar, casi sin excepción, todos nombraron a alguien a quien amaban, y al que observaron mientras oraba. Un hombre me habló de su abuelo, que oraba mientras tenía la Biblia sobre sus rodillas; otro comentaba que solía oír a su padre orar cuando el resto de la familia ya se había acostado. Otro hablaba de la fe de su madre, y de cómo la escuchó hacer unas oraciones hermosas y repletas de fe.

Al hablar con niños, en seguida les oí mencionar a personas que les habían ejemplificado la vida de oración. Cuando les pregunté quién les enseñó a orar, nombraron a adultos importantes, a los que oyeron orar. Sara, de once años, mencionó a su pastor y a su abuelo. Todos sentían que, mediante el ejemplo y las instrucciones de esos adultos relevantes en su vida, pudieron aprender a orar.

También sabemos que los niños aprenden sin palabras, captando los sentimientos presentes en su entorno, los cuales son como imanes que atraen todas las vibraciones, buenas o malas. La vida que llevamos habla directamente a los niños; la forma en que desempeñamos las tareas cotidianas, el como nos relacionamos con los demás, que ocupa nuestro tiempo y nuestros pensamientos o cómo vemos el mundo. A veces lo que hacemos y lo que somos habla más poderosamente que las palabras que usamos. Si aprendemos a practicar la presencia de Dios en todo lo que hacemos y vivimos, de modo que reflejemos el Espíritu de Dios, esas acciones no verbalizadas enseñarán muchísimo a los niños. Cuando le pregunté a Julia, de doce años, quién era la persona que conocía que estaba más cerca de Dios, mencionó a un hombre de la iglesia, amigo de su hermano. Su madre era soltera, y aquel hombre había hecho muchas cosas buenas por su hermano. Muchos de los niños que entrevisté, niños procedentes de un entorno urbano, me comentaron que para ellos, Martin Luther King Jr. era la persona más cercana a Dios.

La vida que ejemplificamos para nuestros hijos es muy importante. Les dice que creemos lo que decimos sobre la oración y la vida espiritual, y que el camino de la oración es el sendero que hemos elegido en esta vida.

"Si queremos que un niño –comenta Rachel Carson en una cita estupenda– conserve su innato sentido de la maravilla... necesita la compañía de al menos un adulto que sepa redescubrir con él [o ella] la alegría, la emoción y el misterio del mundo en que vivimos".[11]

Creo que esto es igual de cierto en la vida espiritual de los niños:

"Si queremos que conserven su sentido innato de lo eterno, necesitan la compañía de al menos un adulto con quien puedan participarlo…".

CAPÍTULO TRES

Edades y fases

AMADO DIOS:
PERDÓNAME POR TODAS MIS FALTAS. SÉ QUE CUANDO MUERA ORARÉ PARA QUE ME LLEVES AL CIELO. GRACIAS POR SALVAR A ESTE MUNDO DE SUS PECADOS, Y SÉ QUE SIEMPRE CUIDAS DE NOSOTROS. NO IMPORTA SI SOMOS MALOS O BUENOS, SIEMPRE NOS AMAS. AMÉN.
CARMEN, CUARTO GRADO.

AMADO DIOS:
GRACIAS POR TODO LO QUE TENGO. TE PIDO QUE MI GATO SE MEJORE, PORQUE MI MAMÁ LO ATROPELLÓ AYER CON EL AUTOMÓVIL. ME ALEGRO DE QUE NO TENGA HUESOS ROTOS. AMÉN.
LORENZO, NUEVE AÑOS.

¿Qué determina cómo y cuándo ora un niño? ¿La edad supone una diferencia? ¿O la etapa de su desarrollo? ¿Es el contexto religioso y la formación, la que conforman su vida de oración? Como podemos entender fácilmente, estas preguntas pueden tener muchísimas respuestas, dada la complejidad de los temas que representan.

Cuando consideramos el desarrollo espiritual del niño, sobre todo en lo relativo a su vida oracional, debemos tener en cuenta lo que han dicho los más destacados investigadores del desarrollo infantil sobre las fases de dicho proceso. No podemos considerar el crecimiento espiritual del niño ignorando por completo todas las demás áreas. Para que el infante se convierta en un ser humano pleno y sano, hay que prestar atención a todas las áreas de su desarrollo. Por consiguiente, veamos algunas descripciones breves de las teorías que proponen ciertos notables especialistas en el mundo infantil.

Jean Piaget, psicólogo suizo, fundó la escuela de pensamiento estructural del desarrollo, y su obra ha afectado poderosamente a la investigación infantil durante muchas décadas. Varias autoridades en este campo han basado su trabajo en el de Piaget, usando las teorías que desarrolló.

Los teóricos de la escuela estructural del desarrollo proponen las siguiente hipótesis acerca de las estructuras o estadios de la infancia.

1. Los estadios son universales (se pueden aplicar los mismos y en el mismo orden a todas las personas de cualquier cultura).
2. Los estadios son secuenciales (siguen un orden o patrón establecido).
3. Los estadios son inalterables (cada uno se basa en el anterior, de modo que nadie puede saltar uno).
4. Los estadios son jerárquicos (aumentan las fases de complejidad).[1]

EL DESARROLLO COGNITIVO

Los estadios que traza Piaget en el desarrollo cognitivo resultan útiles para los que trabajan con el desarrollo espiritual infantil.

- Estadio uno: período sensomotriz, desde el nacimiento hasta los dos años.
- Estadio dos: período preoperativo, de los dos a los siete años.
- Estadio tres: período operativo concreto, de los siete a los once años.

- Estadio cuatro: período operativo formal, de los once años hasta la madurez.[2]

EL DESARROLLO MORAL

Siguiendo el trabajo de Piaget sobre el desarrollo cognitivo, y usando algunas de sus teorías, Lawrence Kohlberg ha llevado a cabo una profunda investigación en el área del desarrollo moral. Ha determinado que existen seis patrones secuenciales, o estadios, que los individuos usan para resolver dilemas de tipo moral.

- Estadio uno (3-7 años) - orientación hacia el castigo y la obediencia: Las consecuencias determinan si la acción es buena o mala, independientemente del significado humano o el valor de tales consecuencias.
- Estadio dos (8-11 años) - orientación relativista instrumental: La acción correcta es la que satisface la necesidad propia y a veces, la de otros.
- Estadio tres (12-17 años) - orientación a la concordancia interpersonal o "buen chico o chica": Se considera una buena conducta la que ayuda o complace a los demás, y es aprobada por ellos.
- Estadio cuatro (18-25 años) - orientación hacia "la ley y el orden": El énfasis recae en la autoridad, las reglas fijas y el mantenimiento del orden social.
- Estadio cinco (de 25 en adelante) - orientación legalista de contrato social: La acción correcta viene determinada por los derechos individuales y los modelos con los que está de acuerdo la sociedad.
- Estadio seis (no se especifica edad, al haber muy pocos que alcancen este período) - orientación hacia los principios éticos universales: La acción correcta viene determinada por la conciencia, usando principios elevados elegidos por el individuo. Esos principios serían abstractos (como la regla de oro), e incor-

porarían conceptos relativos a la dignidad humana, la justicia y similares.[3]

EL DESARROLLO EMOCIONAL

La obra de Erik Erikson sobre el desarrollo psicosocial nos ha ayudado a conocer más sobre el desarrollo emocional de los niños. También ha producido un fuerte efecto sobre la teoría y la práctica docente religiosa. Erikson piensa que una personalidad sana atraviesa una serie de fases y, a partir de sus investigaciones, ha identificado ocho estadios distintos:

- Estadio uno - la confianza frente a la desconfianza (el primer año de la vida del niño).
- Estadio dos - autonomía frente a vergüenza (de dos a tres años).
- Estadio tres - iniciativa frente a culpa (por lo general, entre los dos y los cuatro años).
- Estadio cuatro - crisis de industria frente a inferioridad (por lo general, los años escolares previos a la adolescencia).
- Estadio cinco - identidad frente a confusión de identidad (adolescente).
- Estadio seis - intimidad frente a aislamiento (primeros años de juventud).
- Estadio siete - generatividad frente a egocentrismo (madurez).
- Estadio ocho - integridad frente a desespero (senectud).[4]

EL DESARROLLO DE LA FE

El estudio de James Fowler sobre el área del desarrollo de la fe llega a la conclusión de que existen seis estadios en este proceso. Considera que tales etapas son predecibles e irreversibles, y que a lo largo de la vida van avanzando de un estado a otro de mayor complejidad. Pasamos por todas esas fases a nuestro propio ritmo, e incluso podemos "encallarnos" en una de ellas, sin avanzar jamás a la siguiente. Fowler identifica los estadios de la fe de la siguiente manera:

- Estadio uno - fe intuitiva-proyectora (entre los dos y los siete años): El niño no es capaz de formular un pensamiento lógico y utiliza la intuición como forma de comprender a Dios.
- Estadio dos - fe mítico-literal (entre los siete y los once años): Los niños poseen una mente que funciona con literalidad y comprenden la fe mediante las historias, creencias y prácticas de su comunidad de fe.
- Estadio tres - fe sintético-convencional (de los doce a los dieciocho años): La persona adopta la fe de su familia o grupo de entorno inmediato.
- Estadio cuatro - fe individualizadora-reflexiva (entre los dieciocho y los treinta años): Las personas comienzan a tener sus propias ideas individuales respecto a la fe, así como la capacidad de expresar sus creencias; comienzan a aceptar la responsabilidad de sus compromisos.
- Estadio cinco - fe conjuntiva: La persona comienza a entender que las cosas no siempre son en blanco y negro y que la fe, durante esta fase, no ofrece todas las respuestas.
- Estadio seis - fe universalizadora (muy pocas personas alcanzan este estadio): Todo lo que la persona hace es vivir basándose en su fe y convicciones religiosas.[5]

Durante las últimas décadas, las teorías sobre la educación cristiana se han basado en el enfoque psicológico del desarrollo infantil. Han incluido algunas de las teorías recién mencionadas de la psicología estructural del desarrollo en lo relativo al desarrollo de la fe, creyendo que se trata de unos estadios secuenciales, invariables y jerárquicos. Cuando pensamos en ello, nos hace plantearnos algo: ¿Es que el Espíritu Santo, ese misterioso *ruah* (aliento) de Dios, está confinado a determinados estadios? ¿Puede el Espíritu Santo entrar en la vida de un niño independientemente de su edad o estado de desarrollo?

Las historias de fe que hallamos en el Nuevo Testamento y en la dinámica narrativa de nuestra herencia cristiana a través de los siglos, nos dicen que el Espíritu Santo no está limitado por nuestras fronteras humanas. Tampoco está constreñido por nuestros puntos débiles, ni lo invocamos por medio de nuestra bondad o madurez. El viento sopla de donde quiere, y aunque escuchamos su sonido, no sabemos de dónde viene ni adónde va. Ciertamente, si valoramos las obras de Robert Coles y las enseñanzas de Sofía Cavalletti y otros, creeremos que la llegada del Espíritu a una vida no es predecible, ni funciona según una secuencia de fases o estadios. Un niño tiene la misma capacidad que otra persona que esté en un estadio de desarrollo cronológico más avanzado para tener una experiencia valiosa con Dios.

Sin embargo, antes de que descartemos las teorías identificadas por los partidarios del desarrollo, como no aplicables al desarrollo espiritual del niño, debemos admitir que, de hecho, suponen un instrumento útil para identificar y determinar ciertos componentes del proceso espiritual. Por ejemplo, tras estudiar las obras antes mencionadas, sabemos que existen determinados conceptos religiosos que el niño comprende más fácilmente en un período que en otro. También sabemos que el niño se aferrará a algunos de esos conceptos durante cierto estadio, para dejarlos de lado cuando cambie de fase vital. Echemos ahora un vistazo a algunos de esos elementos que nos guían a la hora de trabajar con la espiritualidad del niño, sobre todo a los que nos pueden ser de ayuda cuando guiamos a los pequeños en su vida oracional.

Hasta los ocho años, los infantes tienen un concepto de Dios basado en el antropomorfismo; es decir, que ven a Dios como a un ser humano. De los ocho a los doce años, aún lo consideran con forma humana, pero como alguien diferente de todas las demás personas.[6] A veces el niño ve a Dios como alguien más grande, fuerte y poderoso que los demás seres humanos. De hecho, muchos le consideran una especie de Supermán.[7] En el año 1980, Renzo Vianello realizó un estudio que demostró que los niños entre seis y siete años imaginan a Dios como un gigante, un mago o un hombre invisible. Cuando sobrepasan dicha edad, comienzan a vislumbrar un poco más. Entonces dudan, incluso a la hora de describirle, porque no comprenden plenamente la naturaleza espiritual y desbordante de Dios. La mayoría no entiende el concepto de Dios como espíritu hasta que llegan a la adolescencia.[8] Las respuestas de los niños en mis entrevistas verifican este hecho.

Esteban, de cinco años, me dijo que Dios tiene barba. Eva, también de cinco años, expresó lo mismo, pero añadió que además tiene bigote. Rut, de la misma edad, opinó que es una persona muy simpática que vive en el cielo, tiene el pelo castaño, los ojos verdes y lleva pantalones cortos. Cuando le pregunté a un niño pequeño cómo describiría a Dios, apuntó al cielo y manifestó: "El vecino de arriba". Rosa, de siete años, dijo que tiene una barba de color entre castaño y negro, y que lleva una túnica blanca y azul. María, de nueve años, me sostuvo que es grande, amable y que tiene una voz muy potente.

Sin embargo, me pareció que muchos de los niños de doce años a los que entrevisté estaban pasando del antropomorfismo a la consciencia de que Dios posee una naturaleza espiritual. Juan, de doce años, se imaginaba a Dios como un rey con barba, rodeado de nieblas; pero añadió, pensándolo un poco más, que sabía que en el fondo Dios no era una persona como nosotros. Julia, también de doce años, se imaginaba a Dios con ropas brillantes, pero agregó que no podía describir su rostro porque es espíritu.

Le pregunté a Elisabet, de doce años, si podría describir a Dios.

"¡Oh, no! Dios es un espíritu —me respondió sonriendo—. Supongo que podría decir que es como una roca, o como el alfa y la omega, o como una zarza ardiendo".

Para los niños, comprender la naturaleza espiritual de Dios es un proceso, y su capacidad de comprensión parece estar directamente relacionada con su edad y su fase de desarrollo.

Solo Ester, de tres años, me dio una descripción distinta. Manifestó que si tuviera que dibujarlo, haría un montón de círculos por toda la página, pintando todo de rosa, como las nubes. ¿Es posible que Ester comprenda un poco la naturaleza de Dios, a pesar de tener tres años? ¿Quizá percibía ya que Dios no es alguien a quien se pueda dibujar con forma humana, sino tan solo describirlo en abstracto? Algunos estudios demuestran que los preescolares piensan que Dios es invisible. (Quizá esto es lo que intentaba describir la niña.) Otro de los conceptos que nos ha llegado desde los defensores del desarrollo es el del egocentrismo infantil. Es decir, que se consideran como el centro, objeto y norma de toda experiencia. A veces, como ha demostrado Piaget en sus estudios, los niños tienen pensamientos casi mágicos, según los cuales creen que sus pensamientos internos producen resultados externos. Es decir, creen que tener determinados pensamientos producirá consecuencias externas. Según Piaget esto se debe al pensamiento egocéntrico.

Debemos admitir y comprender este concepto del egocentrismo infantil, sobre todo si sucede algo trágico en la vida del niño. Por ejemplo, si hay una muerte en la familia, hay que hablar a fondo con la criatura sobre las causas de dicha muerte. Quizá el niño, en un instante pasajero (o no tan pasajero) haya deseado que esa persona muriera y puede creerse responsable. El egocentrismo también se aplica al divorcio. Si el mismo tiene lugar, y el niño ha tenido malos pensamientos sobre uno de los padres, puede creer que sus pensamientos internos se han traducido en consecuencias externas. Conviene hablar con él sobre experiencias similares, para que entienda correctamente que lo sucedido no es su culpa.

Al orar con un chico, los adultos deben recordar que el egocentrismo y el pensamiento mágico forman parte, claramente, de la primera infancia, y por tanto son predecibles. Como adultos, debemos hacer que los niños entiendan que sus palabras y pensamientos no hacen que algo suceda. La oración no es algo mágico, y nunca se le debe considerar así. Es cierto que sabemos que Dios escucha las palabras que decimos y conoce nuestros pensamientos, pero es el autor de la vida y sabe lo que es mejor para nosotros. Él es quien responde a nuestras oraciones. El poder no se encuentra en las palabras o pensamientos del niño. Esta es una idea que debemos explorar juntos, durante su vida de oración.

También es normal que los pequeños, en sus momentos de oración, utilicen el "yo, el mí y lo mío". Es el mundo que mejor conocen. Finalmente pasarán por una transición, desde sus oraciones egocéntricas hasta una forma más madura de orar. A medida que, como padres, maestros u otros adultos importantes en sus vidas, vayamos ejemplificando una forma altruista de oración, los niños también comenzarán a orar de una forma más amplia, más inclusiva.

Sigmund Freud creía que la imagen que tiene una persona de Dios se parece a la que tiene de su padre. Carl Jung, por otra parte, creía que el punto de vista que tiene una persona sobre Dios es el que tiene de su madre.[9] Otros estudios más modernos han demostrado que tanto para los niños como para las niñas, la imagen que tienen de Dios se aproxima más a la que tienen de su padre.[10] Por consiguiente, debemos ser conscientes, a la hora de trabajar con párvulos en el área de la oración y la vida espiritual, de que la visión de Dios de cada niño se identificará con el progenitor más amante, protector y formador de su vida. Si el niño carece de un padre o madre amante, por la gracia de Dios, hallará otro adulto que cumpla esta función. Los chiquillos a los que entrevisté me hablaban de sus padres, madres, tíos o pastores al pedirles que me hablasen de Dios.

Ronald Goldman nos ha ayudado a entender que un niño que no ha experimentado un amor incondicional, en su hogar o en algún otro lugar significativo, le resulta difícil aceptar la idea de que Dios le ama sin reservas.[11] Por eso es tan importante que sepa que el amor divino es incondicional, y esta es una idea que debemos reforzar.

Los estudios han demostrado que el concepto de un Dios amante, protector y perdonador se halla directamente vinculado con las relaciones positivas entre los niños y sus padres. Como tales, debemos prestar atención a este dato, y ejemplificar para nuestros hijos qué es un amor incondicional. Esto les ayudará, a su vez, a adquirir una comprensión saludable del amor de Dios hacia ellos. Deberían llegar a pensar que no hay nada que puedan pensar, hacer o decir que provoque que Dios aparte su amor.

Otro de los elementos descubiertos por los teóricos del desarrollo que nos puede ayudar a trabajar con la espiritualidad infantil es el tema de la justicia. Los niños creen que la maldad debe ser castigada y ponen un gran énfasis en lo que es justo. ¡Cuántas veces, al observarlos jugar, he oído la expresión: "¡Pero eso no es justo!" Para ellos, la justicia es algo muy importante. Por consiguiente, les resulta duro asimilar el concepto de que la gracia de Dios, o su amor incondicional, está disponible para alguien que ha hecho algo malo. Delia Halverson define la gracia de Dios como un: "Te quiero a pesar de todo".[12] Creo que esta es una estupenda manera de explicar la gracia de Dios a los infantes.

Ellos saben cuándo han herido a alguien, o cuándo han dicho algo malo, y se les debe animar a arreglar las cosas todas las veces que sea posible. Sin embargo, también deben aprender que, aunque a Dios no le gusta lo que han hecho, les sigue amando.

Otro de los conceptos que aprendemos de los partidarios del estructuralismo del desarrollo es que los niños tienen una interpretación literal del mundo que les rodea. Interpretan las historias bíblicas literalmente, y a menudo, debido a su limitada capacidad de pensar en términos abstractos o lógicos, interpretan mal lo que se les enseña. Intentan encontrar el máximo sentido a lo que se les dice, pero en los primeros años de vida no son capaces de un pensamiento complejo, abstracto.

Podemos ofrecer muchos ejemplos de este tipo de pensamiento. Seguro que todos hemos oído hablar de aquel niño que, cuando decía el Padrenuestro, lo alteraba así: "Padre nuestro que estás en los cielos, Santi Ficado sea tu nombre". Al no entender la palabra "santificado", la usaba como el nombre (Santi) y apellido (Ficado) de Dios; además, le ayudaba el hecho de que la frase siguiente era "sea tu nombre". O la anécdota del niño que después de estudiar la historia de Moisés en la Escuela Dominical, vuelve a su casa y relata su propia versión, muy elaborada, de ese episodio. ¡A menudo no tiene nada que ver con el original bíblico!

Hace poco mi nieta, de seis años, venía conmigo en el automóvil cuando pasamos por delante de una de mis tiendas favoritas. Me di cuenta de que estaban haciendo algunas renovaciones.

¡Vaya! –expresé con asombro– ¡Mira eso! Le están añadiendo un piso a la tienda.

Pero abuela –dijo, con un tono de voz que indicaba 'parece mentira que no lo sepas'–, siempre ha tenido un piso. Si no, al entrar en la tienda solo hubiéramos pisado un espacio vacío.

Recientemente, cuando estaba contando la historia de Pablo en el camino de Damasco a un amplio grupo de niños.

"No sabemos –les dije– si Pablo estaba montado en un caballo o iba a pie cuando se cayó al suelo, deslumbrado por aquella luz del cielo".

Carlos, de cinco años, alzó la mano.

"Sé exactamente lo que pasó –aseveró–. No iba a caballo. Caminaba y entonces se cayó. Lo vi todo, en un vídeo".

Debemos tener cuidado con lo que decimos a los niños y con lo que ven y escuchan, porque aceptan las cosas de forma literal.

Conocer esta característica nos ayuda a enseñarles, entenderles y guiarlos. Debería contribuir a que presentáramos con mayor eficiencia las verdades bíblicas, de tal modo que el niño las comprendiera y aceptara.

Es interesante ver cómo reaccionan al formularles la pregunta: "¿Cuándo se sienten más cerca de Dios?" G. Klingberg, en su estudio, descubrió que por lo general las criaturas se sienten más cerca de Dios cuando se encuentran en situaciones difíciles, o están enfermos, solos o tienen miedo. Muy pocos en las entrevistas que realicé dijeron que se sentían cerca de Dios en momentos de alegría.[13] Silvia y Sofía dijeron que cuando más sintieron la presencia de Dios fue cuando sus abuelos murieron. Guillermo sintió que Dios estaba muy cerca cuando participó en una carrera a campo traviesa y necesitaba fuerzas para continuar. Javier, de cinco años, una vez que se lastimó. Juan, de doce años, dijo que sintió la presencia de Dios cuando sus padres se divorciaron, y se sentía muy triste.

En contraste con estas respuestas, Eva, de cinco años sostuvo que cuando más cerca sintió a Dios fue en su cumpleaños, mientras se divertía con su familia y amigos. Julia, de doce años, cuando en un campamento de la iglesia el maestro les contaba una historia. Sin embargo, la mayoría de los entrevistados manifestó que se sentían más cerca de Dios en momentos en que tenían problemas, tristeza, dificultad o miedo.

Al trabajar con niños, debemos aprovechar cualquier oportunidad para reconocer la presencia de Dios, tanto en los malos momentos como en los buenos. Por la mañana, cuando despertamos a nuestros hijos, podemos afirmar la presencia divina usando un versículo como, por ejemplo:

> Este es el día que hizo Jehová; nos gozaremos y alegraremos en él (Sal. 118:24).

También:

> Cantad alegres a Dios, habitantes de toda la tierra. Servid a Jehová con alegría; venid ante su presencia con regocijo (Sal. 100:1-2).

De igual forma podemos cantar himnos que proclamen nuestra fe y confianza en Dios como nuestro cuidador durante el día. Janice Grana, editora de *Aposento Alto*, dice que cuando despertaba a sus dos hijos cada mañana, les cantaba un himno que decía: "Cada mañana parece decir: La felicidad está en camino y Dios te envía su amor".[14]

En esta época de incertidumbres, violencia y falta de propósito, tan presentes en el mundo en que vivimos, tiene una importancia vital que nos relacionemos con nuestros hijos no solo transmitiéndoles nuestro amor, sino también el de Dios, que es incondicional. Nuestras comunidades, nuestras escuelas y vecindarios son lugares que a muchos de nuestros niños les dan miedo, y necesitamos verterles el conocimiento de que Dios está con ellos y obra a su favor, a pesar de las circunstancias de la vida.

Estos son, en parte, algunos de los conceptos útiles que podemos aprender de los estructuralistas del desarrollo. Si bien son importantes, en ningún modo son limitaciones a la actividad de Dios. Llegar a la conclusión de que los niños deben alcanzar determinada etapa mental antes de que puedan tener una experiencia auténtica y válida con Dios, limita su poder y propósito. El modo en que ore el niño, las palabras que use y los pensamientos que exprese, son claramente una indicación de la edad y fase de desarrollo. Pero el hecho de orar, y la capacidad de tener una relación válida con Dios, no se hallan limitados a una determinada edad o estadio. Con la misma seguridad con la que el poder transformador de Dios actúa en las vidas de los adultos, obra también en las de los niños, dónde, cuándo y cómo Él desea hacerlo.

CAPÍTULO CUATRO

El viento sopla de donde quiere

AMADO DIOS EN LOS CIELOS:
TE RUEGO QUE ESTÉS PENDIENTE DE MI FAMILIA Y TENGAS CUIDADO DE ELLOS. GRACIAS POR LA COMIDA QUE COMO. GRACIAS POR TODO LO QUE ME DAS. PERDÓNAME POR TODO LO QUE HE HECHO MAL. GRACIAS POR TU HIJO. AMÉN.
REBECA, SIETE AÑOS.

Cuando tenía cuatro años, tuve una experiencia con Dios muy significativa. Puede que algunos se cuestionen si fue una experiencia auténtica o un mero arrebato de mi imaginación. Incluso algunos se pueden preguntar cómo es posible que recuerde esa experiencia al cabo de tantos años. Sin embargo, a mis ojos no hay duda alguna. La experiencia fue real, y sigue impresa en mi memoria, fresca y vívida como entonces.

Era uno de esos calurosos días de verano, y lo pasé casi todo fuera de casa, jugando con mi amiguita de la casa vecina. Teníamos calor, estábamos cansadas y cubiertas de polvo. El sol se estaba poniendo. De inmediato, mi atención fue capturada por los cielos hermosos del atardecer. Quedé allí, inmóvil, con los ojos perdidos en aquella preciosa visión. Parecía que todo el cielo estaba invadido de diversos tonos púrpuras, rosas y violáceos. Mi amiga se dio cuenta de que me detuve, y dejó de jugar para mirar al cielo a ver qué me había llamado tanto la atención. Mientras contemplábamos aquel espectáculo desbordante, nos quedamos allí, de pie y en silencio, sobrecogidas por su belleza.

–¿Ya sabes que es en el cielo donde vive Dios? –susurro mi amiga.

–Sí, lo sé –respondí aunque no lo sabía.

En aquel momento esa noticia era nueva para mí. Sin embargo, como no quería quedar como una tonta, recuerdo que contesté afirmativamente. ¡Esa fue una de mis primeras mentiras!

–¿Sabías que allí arriba las calles están pavimentadas con oro? –continuo diciendo en voz baja.

Esa era otra cosa que yo no sabía, pero como tampoco esta vez quería quedar mal, asentí con la cabeza. Mientras permanecíamos allí, minuto tras minuto, las lágrimas comenzaron a rodar por mis mejillas. Nunca antes había tenido una sensación así. La belleza, el misterio y lo sobrenatural del momento me inundaron y sentí la presencia de Dios de una forma muy real.

Fue entonces cuando mi madre me llamó a casa para cenar. Supongo que mi rostro, cubierto de polvo, conservaba las huellas de las lágrimas, porque cuando abrí la puerta me preguntó por qué había llorado.

–Me apreté un dedo con la puerta –respondí con otra mentira, al no saber expresar los sentimientos que acababan de embargarme.

Mi esposo también tuvo una vívida experiencia con Dios cuando era niño. A los nueve años su abuela enfermó y le dijeron que estaba a punto de morir. Una de sus tareas infantiles era la de llevar la vaca al arroyo, para darle de beber. Aquél día, sintiendo en el corazón el peso de su preocupación, partió hacia allí. Cuando llegó a la cañada, sintió que le rodeaba una quietud especial. Mientras la vaca empezaba a beber, se arrodilló y rogó que su abuela se pusiera bien. Cuenta que entonces le invadió una gran paz, y sintió la presencia divina de forma real.

Cuando me encargué de un taller de formación cristiana, entre el pueblo navajo, les pregunté a los adultos si estarían dispuestos a contar su primera experiencia con Dios. Jaime se puso en pie asintiendo hacerlo y comentó que un día sus padres le dejaron con su hermano Juanito, en el *hogan* (la palabra navaja para definir la casa o el hogar). Vivían entre las colinas, lejos del campamento comercial, y sus padres estarían fuera toda la noche porque debían ir a comprar provisiones y otras cosas necesarias. Al partir, les dijeron que cuidaran bien de las ovejas.

Jaime contó que él y Juanito comenzaron a jugar, como todos los niños, y se olvidaron por completo de las ovejas. Cuando comenzó a caer la noche, se acordaron del rebaño y fueron a buscar a las ovejas frenéticamente. Corrieron de una a otra colina, llamando al rebaño. Pero se dieron cuenta de que no iban a poder encontrarlas.

"Vamos a arrodillarnos aquí mismo y orar a 'aquel que nunca muere' –opinó Juanito–, y pedirle que cuide de nuestras ovejas".

Jaime nos explicó que en realidad, le pedíamos a Dios, pero en aquel momento no sabíamos que se llamaba así, de modo que le definimos como "aquel que nunca muere".

Después de orar, se fueron al *hogan* y se acostaron. A la mañana siguiente, cuando estaba amaneciendo, oyeron que alguien se acercaba a la casa al galope. Un hombre se bajó del caballo y llamó a los niños:

"¡Eh, jóvenes! –gritó desde la entrada– vengan a mi campamento por sus ovejas. Están todas allí".

Jaime nos contaba que aunque pasó mucho tiempo, se acordaba de esta primera experiencia de oración, como un momento en que sintió el poder y la presencia de Dios, y siguió atesorando ese recuerdo durante toda su vida.

Muchas otras personas de aquel taller se pusieron en pie y relataron historias similares, sobre cómo descubrieron a Dios en sus vidas aun siendo muy pequeños. Lo mismo puedo decir respecto a mis conversaciones con adultos de otros muchos lugares. Todos manifestaron el hecho de que tuvieron experiencias válidas con Dios cuando eran niños. Algunas de ellas eran más vívidas que otras, pero la mayoría consideraban que se trató de experiencias auténticas.

Muchos de los niños a los que he entrevistado también me han contado conmovedoras historias de los momentos en que sintieron la presencia divina. Por ejemplo, Pedro, de doce años, me expresó que una noche mientras estaba en la cama muy quieto y rodeado por un extraño silencio en la casa, sintió la presencia de Dios. En realidad, lo que sintió es que Dios estaba con él en aquella misma habitación. Rosa, de siete años, manifestó que la primera vez que se sintió cerca de Dios era "una nena pequeñita". Se sintió tan cerca de Dios que le pareció estar abrazándole. Agregó que apenas recuerda cosas de cuando estaba en el cielo.

Elisabet, de doce años, se sintió especialmente cerca de Dios una víspera de Navidad, cuando estaba en la iglesia. La escena de la Natividad era tan hermosa, y la música tan inspirada, que sintió a Dios muy cerca.

En 1963, Sir Alister Hardy un renombrado científico británico, desafió a sus colegas científicos a tomarse en serio el hecho de la experiencia religiosa como un rasgo central de la vida humana. En 1969 fundó la *Religious Experience Research Unit* (Unidad de Investigación de la Experiencias Religiosas) en el *Manchester College, Oxford*, comenzando allí una extensa investigación sobre el tema. Recopiló los resultados de esta investigación en su libro *The Spiritual Nature of Man*[1] (La naturaleza espiritual del hombre). Más tarde, Edward Robinson se convirtió en el director de la Unidad y como parte de su investigación, envió cuestionarios a muchos adultos donde les preguntaban acerca de sus experiencias religiosas. Pronto la Unidad se inundó de respuestas, y aunque no se incluyeron preguntas acerca de las experiencias religiosas que hubieran tenido lugar en la infancia, muchas personas informaron de ellas, y confesaron que esas experiencias seguían siendo muy importantes, aun muchos años después de que sucedieran. Partiendo de los datos recogidos, Robinson escribió un libro titulado *The Original Vision: A Study of Religious Experience of Childhood* (La visión original: Un estudio de las experiencias religiosas en la infancia).

Robinson llega a la conclusión de que los niños pueden tener experiencias religiosas. Escribe que poseen la perspicacia, imaginación, comprensión y conocimiento que les capacitan para tenerlas. Estas cualidades no tienen que desarrollarse hasta alcanzar una fase superior, sino que son adecuadas para ayudar al niño a experimentar a Dios de una forma tan válida como lo hace un adulto. Esta conclusión difiere radicalmente de la que tienen los partidarios de la teoría del desarrollo, quienes creen que los niños van pasando por períodos que son predecibles, invariables, jerárquicos y universales.

Robinson considera que la visión original de Dios que tienen los niños se puede comprender perfectamente cuando se estudia a lo largo de un cierto tiempo.[2] Quizá el niño no pueda captar su verdadero efecto hasta que la recuerde en un momento tardío de la vida, pero tales episodios son, no obstante, experiencias de lo sagrado.

En cierto sentido, el sistema de enseñanza y las experiencias en la sociedad, incluso en las iglesias, han provocado que nuestra temprana experiencia de Dios, la "visión original", se desvanezca. La hemos perdido en algún punto de nuestro largo viaje por la vida. En esta sociedad materialista, la carrera en busca de mejor posición social, poder y cosas materiales nos han hecho olvidar que somos, de hecho, seres espirituales. Robinson nos urge a conservar esa visión original, porque almacenada en nuestro subconsciente, es capaz de enriquecer nuestra consciencia religiosa en un período más tardío, cuando estemos listos para asimilarla.[3]

En su introducción a la edición americana del libro de Robinson, *The Original Vision*, John H. Westerhoof dice: "Debemos afirmar a los niños en su posición como personas que pueden tener, y tienen importantes experiencias de lo divino, que aun siendo rememoradas y descritas en estadios más tardíos de su vida son maduras, místicas, sobrenaturales experiencias de lo sagrado".[4]

Siguiendo esta pauta, Neil Hamilton nos ofrece unos cuantos temas de reflexión en torno al desarrollo de la fe. Creo que esto tiene mucho que ver con nuestra comprensión del punto de vista infantil sobre Dios y la capacidad de orarle.

En su libro, *Maturing in the Christian Life* (Madurando en la vida cristiana), Hamilton ofrece una versión bíblica del desarrollo de la fe como alternativa a la versión psicológica de James Fowler, presentada en su libro *Stages of Faith* (Las fases de la fe).[5] Como ya dijimos antes, Fowler al presentar los seis estadios o fases de la fe, se basa en la teoría de Piaget sobre el desarrollo cognitivo, en la teoría de Kohlberg sobre el desarrollo moral, y en la de Erikson, sobre el desarrollo psicológico. Hamilton piensa que el punto de vista que tiene Fowler de la fe y del modo en que Dios entra en la vida de las personas es un viaje unidireccional, que pasa de un estadio inferior a otro superior, hasta alcanzar el sexto.[6] Cree que lo que está diciendo Fowler es que "tenemos un sendero predeterminado, pero no lo está el grado de progresión por él".[7] Es decir, que una persona puede dejar de desarrollarse o estancarse en un nivel inferior, sin progresar jamás hacia el siguiente estadio de la fe. Hamilton dice que, aunque el desarrollo de la fe puede tener estadios, etapas o secuencias, "la vida de la fe está motivada y guiada por el Espíritu, que va delante, no por el yo [psicológico] que va detrás".[8] Estoy de acuerdo en que considerar el desarrollo de la fe desde un mero punto de vista psicológico excluye totalmente el poder y la majestad de Dios.

Lo que dice Hamilton sobre el desarrollo de la fe, creo que nos ayuda a comprender la potencialidad espiritual de los niños y sus primeros pensamientos sobre Dios. Estos primeros impulsos en la vida del niño no son el resultado de su iniciativa, sino de la santa obra de Dios en su vida. Los primeros intentos de orar que hace el niño son una respuesta a la incitación divina.

Los estadios que los defensores del desarrollo han identificado son importantes en el desarrollo infantil, por supuesto, pero en ningún modo determinan cuándo, dónde y cómo entrará el Espíritu de Dios en la vida del niño. El Espíritu Santo nos sorprende en muchos puntos de nuestra vida, y no sabemos de dónde viene ni a dónde va (Jn. 3:8). Nos maravilla, y sentimos las consecuencias de su bendita presencia.

Pablo expresó sabiamente:

Porque todos los que son guiados por el Espíritu de Dios, éstos son hijos de Dios (Ro. 8:14).

Dios no deja nunca de llamarnos, ni a nosotros ni a los pequeños que tenemos a nuestro cargo, a disfrutar de esta relación divina y humana. Por medio de la oración, podemos responder a aquel que nos ha creado y nos invita a esa relación tan gozosa. Por eso es tan importante nuestra vida de oración, y debemos ayudar a nuestros niños a que desarrollen su propia vida oracional. Como adultos en la vida del niño, podemos ser los catalizadores o los que les abran el camino hacia esa aventura, ayudándoles a encontrar un tiempo y un espacio en el que permitan al viento del Espíritu Santo soplar desde donde quiera hacerlo.

CAPÍTULO CINCO

Pautas para enseñar a orar a los niños

SEÑOR:
GRACIAS POR LA COMIDA, EL HOGAR, MI FAMILIA Y TODO LO DEMÁS. GRACIAS POR MIS AMIGOS. SOBRE TODO, GRACIAS POR MI FAMILIA.
ALINA, OCHO AÑOS.

AMADO DIOS:
GRACIAS POR ESTE MUNDO, POR LAS IGLESIAS, POR LA ESCUELA Y POR NUESTROS PAPÁS. GRACIAS POR NUESTROS MAESTROS QUE NOS ENSEÑAN, PARA QUE PODAMOS TENER UNA BUENA EDUCACIÓN.
ANA, OCHO AÑOS.

Existen ciertas pautas importantes que debemos recordar cuando consideramos la tan importante responsabilidad de guiar a los niños en su vida de oración. Es posible que en el punto de partida nos embargue una sensación de impotencia.

¿Dónde y cómo puedo comenzar? –pensamos.

En realidad, la misión no es tan complicada si recordamos que no estamos solos en ese proceso. Esto es algo que no se puede decir muy a menudo. Dios está con nosotros en nuestra tarea y el Espíritu Santo nos proporciona su guía. Lo que más debemos procurar en el campo de la oración con niños, así como en el de las oraciones como adultos, es ayudarles a comprender que pueden tener una relación personal y constante con Dios. Queremos que sepan que Él constituye el centro de nuestra vida. Dios no es alguien reservado a los domingos y demás días especiales, sino que siempre está con nosotros, como un compañero amante y constante. Dios es el mejor amigo, nos ama, entiende y podemos confiarle todo. Está en los momentos buenos y en los malos.

Al ayudar a los niños en su vida de oración, recuerde que los comienzos siempre son pequeños y que a partir de esos primeros pasos se pueden ir dando otros cada vez más amplios. Recuerde también en que momento de su vida está el niño, y ayúdele a seguir avanzando en el camino.

¿QUÉ EDAD DEBEN TENER LOS NIÑOS PARA QUE COMENCEMOS A ENSEÑARLES?

¿Cuándo deberíamos comenzar a orar con nuestros hijos? Personalmente, creo que deberíamos hacerlo antes de que nazcan. Por ejemplo, se ha dicho que la música es capaz de relajar a un bebé que aún está en el vientre de su madre. ¿Acaso la oración no puede hacerlo también? Durante los nueve meses de gestación, los padres, abuelos y demás seres amados deben estar orando por el bebé.

Luego, desde el momento en que el niño nazca, siga incluyéndole en su vida de oración, tanto en casa como en la iglesia.

Mientras sean muy pequeños ore en lugar de ellos y gradualmente, anímeles a comenzar a orar solos, con sus propias palabras. Recuerde que para un niño pequeño, una oración de una sola frase ya es suficiente.

Es posible que algunas personas no estén de acuerdo con comenzar a orar con el niño cuando aún es muy pequeño. Puede que digan:

"¿Cómo es posible que un niño pequeño entienda lo que decimos en oración? ¿Cómo puede comprenderlo?" Seguramente esas personas consideran que en el caso de un niño pequeño, la oración puede degenerar fácilmente en una fórmula mágica, como vimos en el capítulo tres. La oración tiene la potencialidad de convertirse en un juego religioso para el niño, igual que Dios puede convertirse en un gigantesco Papá Noel celestial. Sin embargo, pienso que deberíamos orar con nuestros hijos lo antes posible, entendiendo que a lo largo de sus vidas pasarán por diversos estadios. Irán creciendo en su percepción y comprensión de la oración, igual que lo hacemos los adultos. Pero, ¿cómo comenzar?

La experiencia primaria de la oración para un niño pequeño es la alabanza y la acción de gracias. Oraciones sencillas tales como: "Gracias Dios, por este hermoso día", o: "Gracias Señor, por las flores tan bonitas", son adecuadas y correctas. Estas acciones de gracias son una reacción natural y constituyen un excelente punto de partida. A partir de este humilde comienzo, a medida que el niño crece y se desarrolla, se pueden ir añadiendo otros tipos de oración. Con el paso del tiempo será capaz de usar otras fórmulas como la de confesión: "Ayúdame a ser más amable con mi hermano", o: "Siento haberme enfadado con mi amigo". Pero recuerde que, para los niños muy pequeños la experiencia primaria de la oración se concentra en la alabanza y la acción de gracias.

ORE COMO PUEDA

Una madre que tenía un niño chiquito me preguntó una vez cómo podía orar con él.

—No se está quieto ni un segundo —manifestó—. He intentado retenerle lo suficiente para una oración sencilla, de una sola frase, pero ni siquiera para eso me da tiempo.

—Entonces ore mientras corre —fue mi respuesta—. Cuando esté correteando por el jardín, vaya tras él y fíjese en las flores, las hojas o cualquier cosa que le llame la atención. Entonces haga comentarios sobre ellas: "Dios hizo estas flores u hojas tan bonitas", diga: "Gracias Dios, por haber hecho un mundo tan hermoso".

Este sencillo comienzo dará sus frutos.

DEBEMOS MENCIONAR EN ORACIÓN EL NOMBRE DEL NIÑO

Cuando oremos, tanto con nuestro hijo como por él, recordemos mencionar su nombre. Al hacerlo, conseguiremos que se dé cuenta de que es importante, tanto para nosotros como para Dios. Esto también ayuda al niño a darse cuenta de la importancia que tiene nombrar en sus oraciones a las personas a las que ama.

No creo que ninguno de nosotros se canse de escuchar como mencionan su nombre en oración. Mi esposo conoce una señora que llega esporádicamente a su oficina.

"Ora por mí –suele decirle cuando se va–. Y cuando ores por mí, menciona mi nombre" –agrega siempre, justo antes de cruzar el umbral de la puerta.

Recuerdo claramente la primera vez que mi madre oró mencionando mi nombre en su oración. Quizá ya lo había hecho muchas veces antes, pero en esa ocasión me produjo un fuerte efecto. Yo estaba cursando el primer año de la escuela secundaria y ese día fui en el automóvil de mi prima mayor. Por el camino, se abrió por accidente la puerta del vehículo cuando girábamos en una esquina. Salí despedida y fui a parar debajo de él. (Era una época en la que no existían los cinturones de seguridad.) Felizmente, mi prima pudo detener el vehículo antes de que me aplastara las piernas. Cuando esa noche oramos dando gracias por los alimentos, mi madre dio gracias también porque yo no estaba gravemente herida. Al oír mencionar mi nombre en su oración sentí su amor y el de Dios.

En la guardería de la iglesia, o en el cuarto de los niños en nuestro hogar, podemos elevar oraciones sencillas a favor de los recién nacidos en sus cunas. La persona encargada de los bebes en la iglesia, mientras se pasea junto a ellos, puede dar gracias por cada uno, mencionando sus nombres. En casa, cuando acostamos al niño para una siesta o a la hora de dormir, podemos orar en voz alta, nombrándolo. Poner las manos sobre ellos cuando oramos les produce la sensación de ser especiales, de disfrutar de una bendición. En un mundo repleto de violencia y angustia, es maravilloso bendecir a otra persona colocando sobre ella nuestras manos y ofreciendo esa oración de bendición.

Henri Nouwen dice que la palabra "bendición" proviene del vocablo latino *benedicere*, o *benediction*. Significa, literalmente, hablar (*dicto*) bien (*bene*) o decir cosas buenas sobre alguien. Y agrega: "Bendecir es robustecer a alguien, decir 'sí' al derecho de la persona a ser amada. Más aun: bendecir es proclamarlo con gran realismo".[1] Debemos transmitir a nuestros hijos que Dios les ama, igual que les amamos nosotros.

CÓMO ESTABLECER PAUTAS DE ORACIÓN

Cuanto antes comencemos a orar con nuestros hijos, más oportunidades tendrán de sentirse a gusto con la oración. Comparemos esta idea con la de leer con ellos. Cuanto antes les introduzcamos en el mundo de los libros, más oportunidades tendrán de convertirse en buenos lectores. Quizá cuanto antes les expongamos a la oración, más oportunidades tendrán de convertirse en personas de oración. Sin embargo, si usted no les ha formado en esta práctica en sus primeros años, ¡nunca es demasiado tarde para comenzar!

También tenemos que decir algo sobre los buenos hábitos en esos primeros años. Cuanto antes aprendan buenas costumbres, más probabilidades habrá de que ellas se conviertan en hábitos saludables, y entren a formar parte de la vida. En nuestra cultura nos hemos distanciado de las disciplinas espirituales que usaban nuestros antepasados, y de alguna manera, en el día en que vivimos, tales disciplinas espirituales nos parecen extrañas. Sin embargo, sabemos que no hay nada que pueda sustituir a las pautas establecidas de oración, a los momentos específicos destinados a leer las Escrituras, y a esos momentos apartados para estar a solas con Dios. John Wesley expresó hace mucho tiempo: "Tanto si le gusta como si no, ore y lea la Biblia cada día. Es esencial para su vida". Cuanto antes asimilemos esto, mejor será nuestro vivir, y enseñarles a nuestros hijos a mantener estas disciplinas será un gran regalo.

Momentos importantes para orar lo son las horas de las comidas y el momento de acostarlos. En las entrevistas que realicé, pregunté a los niños:

–¿Se acuerdan de la primera vez que oraron?

–En casa –respondieron casi sin excepción–, con papá o mamá, antes de comer o de ir a dormir.

Son instantes cruciales para orar con nuestros hijos. Otros son el período de adoración el domingo en la iglesia, tanto en las clases bíblicas como en el templo. Los momentos especiales del año, como Navidad o Semana Santa. Los cumpleaños son también buenas ocasiones para orar. Durante esos instantes especiales, hay muchas cosas que podemos hacer para ayudar a los niños a conocer el amor de Dios hacia cada uno de ellos. Más adelante, en el capítulo 7, consideraremos algunas cosas concretas que podemos hacer en esas ocasiones para potenciar la vida oracional del niño.

LOS NIÑOS APRENDEN POR IMITACIÓN

Sabemos que los niños pequeños aprenden, en gran medida por imitación. Al mirarnos orar e imitarnos, los chicos aprenderán que la oración es algo natural. Poco a poco, desarrollarán un estilo propio, a pesar de que al principio imiten. El mero hecho de ayudarlos a saber que pueden expresar sus sentimientos a Dios en cualquier momento, lugar, y sobre cualquier tema, establecerá unos cimientos cruciales para sus vidas de oración.

Cuando nuestra nieta tenía dos años, ella, sus padres y nosotros, asistimos juntos a un retiro. Una mañana sus padres salieron antes de que la bebé despertara, para hacer una excursión. Yo seguía en la cama, leyendo la Biblia. Como estaba cómoda no quise levantarme y tomar mis lentes de lectura, así que sostenía la Biblia con los brazos estirados, para ver claramente las pequeñas letras. Al cabo de unos minutos, oí que se abría la puerta del cuarto y entraba mi nieta. Se subió a mi cama sin decir palabra. Se quedó allí unos instantes, mirándome. Entonces localizó con la vista la Biblia de mi esposo en el armario, se bajó sin hacer ruido, la tomó y volvió junto a mí. Una vez que logró sentarse de nuevo en la cama, abrió la Biblia y estiró los bracitos, sosteniéndola como hacía yo, fingiendo leerla. Eso me dijo muchas cosas sobre el poder de la imitación. Nuestras acciones hablan más fuerte que nuestras palabras.

LOS RITUALES Y LA REPETICIÓN

Los rituales tienen una importancia especial para los niños pequeños. De alguna manera, les proporcionan una sensación de seguridad. Klink sostiene que: "Si no inventamos ceremonias para los niños, ellos se encargarán de hacerlo".[2] Cuando ofrecemos rituales, no tendrán que inventarlos para proporcionarse la seguridad y las estructuras que necesitan en sus vidas. Los ceremoniales que creamos son importantes para el crecimiento espiritual.

También es importante repetir las frases una y otra vez, prestando atención al ritmo y rima de las palabras que usamos con los niños.[3] A sus ojos, ¡eso no es una "vana repetición"! Les agradan las palabras que suenan parecido, y les gusta el ritmo de las frases repetidas. No se cansan de escuchar las mismas palabras una y otra vez, como nos pasa a los adultos. Recuerdo vívidamente una fase del crecimiento de nuestro hijo menor. Nuestros momentos de oración a la hora de acostarlo se convirtieron en una auténtica aventura, porque estaba en aquella fase en que le agradaba oír y usar las palabras que riman. Después del habitual "Dios bendiga a mamá y a papá", comenzaba a pedirle a Dios que bendijera a todo el mundo que recordaba cuyo nombre comenzara con una determinada letra. Cuando era la "R": "Dios bendiga a los Rodríguez, a los Rivero, a los Romero, a los Roque", y la lista era casi interminable. En aquella época también estábamos leyendo un libro sobre un osito, así que metía en sus oraciones al personaje. Este es el tipo de oración que debemos esperar con los niños, y debemos atesorarla como algo que recordar con alegría una vez que hayan crecido. Está claro que Dios comprende este tipo de oraciones, ¡y estoy convencida de que le gustan!

ENSEÑE A LOS NIÑOS A ORAR USANDO SUS PROPIAS PALABRAS

Anime a los niños a usar sus propias palabras cuando oren. Para que Dios les escuche no es necesario que utilicen nuestro lenguaje adulto, o el típico de las oraciones en la iglesia, por hermoso que sea. Ni siquiera pretendamos extinguir sus manifestaciones espontáneas hacia Dios. Las oraciones aprendidas de memoria están bien, pero las oraciones espontáneas, en las que el niño usa sus propias palabras, son aceptables para Dios. Prefiero la expresión inglesa "aprender de corazón" al verbo "memorizar", porque este último me hace pensar en un proceso rutinario, mientras que aprender algo de corazón connota el hecho de que el corazón está implicado en el aprendizaje de las palabras y no únicamente la mente.

A veces los niños confunden palabras cuando oran, usando algunas expresiones que nos hacen reír. Creo que Dios tiene un gran sentido del humor y comprende perfectamente lo que quiere decir el niño. Hace poco, en nuestra iglesia, un maestro de Escuela Dominical pidió a los niños que mencionaran en sus oraciones algo por lo que estuvieran agradecidos. Esteban dijo: "Gracias Señor, por la levadura. Gracias por estos días de levadura que estamos celebrando". Tras la oración, el maestro le llamó aparte y le preguntó:

—¿Qué son esos días de la levadura de los que hablaste?

—¡Ah!, ya sabe —respondió—. Esos días que celebramos antes de Semana Santa?

—¿Quieres decir cuaresma? —preguntó el maestro.

—Eso, cuaresma —respondió Esteban.

¡Creo que incluso Dios se debió reír con esta ocurrencia! (*)

LOS NIÑOS PUEDEN ORAR EN CUALQUIER MOMENTO O LUGAR, Y DECIR A DIOS LO QUE DESEEN

Los niños deben saber que pueden orar en cualquier momento y lugar, bajo cualquier circunstancia, y decirle a Dios lo que quieran. ¡Ser sinceros no es difícil para ellos! De hecho, son auténticos. Si consideran que la oración es hablar con un Dios que es su amigo, podrán hablarle con naturalidad de todo lo que les pase por la cabeza, y no será un problema que no les responda con un idioma audible. Diga a los niños que Él es lo bastante grande como para entender todo lo que quieran decirle. A veces esto les concede la libertad de expresarle sus más profundos sentimientos, sobre cosas que les han estado angustiando, o temas personales que les resulta difícil discutir con otras personas. A Dios sí le pueden exponer esas cuestiones, confidencialmente y con toda confianza.

Recientemente, en una reunión de oración, un miércoles por la noche en nuestra iglesia, un padre trajo consigo a su hijo de siete años, Rafael. Después del rato en que estuvimos presentando a Dios las necesidades de los miembros de la iglesia, y tras los instantes de oración en silencio ante el altar, todos los presentes nos dimos las manos y comenzamos a hacer oraciones breves, por turno. Yo estaba al lado de Rafael, y cuando le llegó el turno de orar pensé que debía pasarlo por alto y comenzar mi oración. Pensaba que sentiría vergüenza o no se sentiría a gusto orando en público. ¡Me equivoqué! Antes de que pudiera comenzar a orar empezó a hacerlo con un estilo hermoso, infantil y espontáneo. Dio gracias a Dios por el precioso día de verano y por la hermosura de la naturaleza. También agradeció por el privilegio de ir a un campamento de fútbol esa semana. Al

---

*El niño confundió la palabra inglesa "*leaven*": "Levadura", con "*Lent*": "Cuaresma". (N. del T.)

concluir, pidió a Dios que le ayudara a entrenarse a fondo cada día del campamento. Esas eran las cosas que tenía en mente y se sentía a gusto presentándolas. Una de las metas principales de la oración es la de sentirnos lo bastante seguros como para presentar ante Dios todas nuestras necesidades y deseos.

LAS POSTURAS PARA ORAR

Los niños también deben saber que existen diferentes posturas para orar. Hay momentos en que cerramos los ojos, pero no siempre tiene que ser ese el caso. A veces es correcto inclinar nuestra cabeza. Otras veces preferiremos estar sentados en silencio. Unas veces nos arrodillaremos y otras nos quedaremos de pie extendiendo los brazos. Incluso podemos sentirnos motivados a orar estirados en el suelo, con los brazos abiertos en forma de cruz. Utilizar diversas posturas cuando oramos proporciona vitalidad a nuestra vida de oración y a la de los niños.

LOS PENSAMIENTOS QUE INDUCEN A LA ORACIÓN

Como ya hemos afirmado, cuando esté con un niño las oraciones espontáneas siempre son adecuadas. Un hermoso arco iris, o una preciosa puesta de sol son cosas que inducen, de forma natural, a orar. Puede orar simplemente expresando: "Gracias Dios, por la belleza que nos rodea". También puede optar por decir al niño algo así: "¿No crees que Dios es muy bueno por haber creado un arco iris tan bonito?" Esta es una forma de oración que podría definirse como "observación oracional" o "pensamiento oracional". Consiste simplemente en presentar como oración un pensamiento sencillo, y es un tipo de oración que se centra en Dios y en el gran cuidado que tiene de nosotros.

LUGARES ESPECIALES PARA ORAR

Los niños necesitan saber que pueden orar en cualquier lugar, pero que también pueden tener lugares privados y especiales para hacerlo.

Marlene Halpin dice que los niños deben encontrar el lugar de su casa que les guste más, y considerarlo su lugar especial de oración.[4] Para los párvulos, tener un lugar especial significa mucho, y tenerlo para orar es muy emocionante. Ayúdeles a comprender que pueden orar allí, pero también en cualquier otro sitio.

Su lugar especial para orar puede estar debajo de una cama, o en un armario, o detrás de una puerta o, sencillamente, dentro de su cama. Sugiera que el niño deje en ese lugar especial las cosas que le sean importantes. Puede tratarse de elementos de la naturaleza que le recuerden a Dios, como una pluma, la cáscara de un huevo de ave, una piedra bonita o un jarroncito con una o dos flores. (Por motivos obvios, a menos que vigilemos al niño de cerca, ¡hay que prohibirle usar velas!) Esas cosas que el niño elige convierten ese lugar en su lugar, y los demás miembros de la familia deben respetarlo como lugar sagrado.

LA ORACIÓN CONSISTE EN ESCUCHAR A DIOS

Muchos niños formulan la pregunta: "¿Cómo puedo oír a Dios hablándome?", o: "¿De verdad habla Dios en voz alta?", o también: "¿Cómo puedo saber que Dios me ha hablado de verdad?" A menudo como adultos, formulamos las mismas preguntas, al menos en los rincones más profundos de nuestro corazón: ¿Cómo reconocer la voz de Dios cuando nos habla? También tenemos dificultades para saber qué significa escuchar esa voz divina.

Pocos habremos escuchado la voz audible de Dios dándonos respuesta a alguna oración. Algunas personas afirman que la han oído, pero para la mayoría de nosotros, ese no es el caso. Ayude a los niños a entender las maneras en que Dios nos responde hoy. Si conocen y comprenden los diversos modos en que Dios habla, discernirán con mayor facilidad su voz.

¿Cómo habla Dios? Nos habla en la quietud de nuestro corazón. Después de haber orado por algún tema, podemos sentir una sensación de calma, una cierta paz respecto a la situación por la que oramos. Nos llega una respuesta desde ese instante de quietud y reconocemos que esa es la voz divina.

A veces oramos para saber qué dirección debemos seguir. Quizá tengamos delante dos opciones que parecen igualmente buenas, pero hemos de tomar una decisión y nos sentimos confusos. Nos ponemos a orar y de repente, en el silencio, mientras buscamos honestamente la voluntad divina para nuestra vida, una de las opciones empieza a parecernos más positiva que la otra. Sentimos que es la correcta, y nos invade la paz, la cual reconocemos como la voz de Dios en respuesta a la oración.

A medida que los niños maduren, descubrirán que Dios les habla a menudo como lo hace con los adultos, por medio de otras personas. Quizá estemos orando ansiosamente acerca de algo, buscando con insistencia la respuesta de Dios. Entonces hablamos con un amigo o un ser amado, y nos dice exactamente lo que deseamos escuchar. Quizá sean palabras de consuelo o de ánimo o quizá un comentario que nos indique la dirección correcta, o bien un consejo, pero lo interpretamos como la voz de Dios. Una vez más, nos sentimos en paz y sabemos que hemos escuchado la voz del Altísimo.

También, a medida que los niños van madurando y pueden leer la Biblia, entienden que Dios habla por medio de la Palabra viva. Han estado orando por algo y descubren un versículo de las Escrituras que supone para ellos una respuesta directa a su petición.

Dios es capaz de hablarnos de distintas maneras. Debemos desarrollar un corazón atento, de modo que escuchemos la voz de Dios cuando nos hable, sea cual fuere la forma que adopte.

LAS ORACIONES PROPIAS DE NUESTRA FE

Las oraciones que elevamos juntos como cristianos, son especiales para la comunidad de fe y es extremadamente importante que los niños las aprendan. Muchas de esas oraciones nos han sido transmitidas a través de los siglos, y constituyen una parte importante de nuestra herencia religiosa. Algunas permanecerán toda la vida con el niño, quien no las descartará más adelante en su vida porque "ya no sean propias de niños". Un buen ejemplo de esto es hacer que el niño aprenda el Padrenuestro, aun antes de que entienda bien todas las palabras. Recitar el Padrenuestro junto a otras personas, en un culto de alabanza, puede constituir una experiencia muy intensa para un pequeño.

David Kerr cuenta la historia de una ocasión en la que era el conferencista invitado en un campamento con mucha gente. Predicaba por las noches y por las tardes visitaba a las personas que habían acudido a la reunión. Cuando se reunió con una de las familias, una madre, que tenía varios hijos, le comentó que uno de los más pequeños no era suyo; era un amigo de sus hijos y había venido con ellos a pasar la semana. Le explicó que aquella era una nueva experiencia para el muchachito, porque nunca asistió antes a una iglesia. David hizo lo posible por poder conversar con el niño, que se llamaba Marcos. Una tarde, cuando David estaba sentado solo en el primer banco, esperando el momento de predicar, sintió que alguien se acercaba en silencio y se sentaba a su lado. Vio que era Marcos, así que le sonrió y le dio la bienvenida. Cuando comenzó el culto, el director de la alabanza les guió para cantar una serie de himnos de fe. Era evidente que el jovencito no conocía esos himnos, pero sostuvo cuidadosamente su himnario e hizo lo posible por seguir las palabras. Después de cantar, alguien encomendó la reunión en oración. Al final de esa oración, se invitó a todos los presentes a orar juntos usando el Padrenuestro. Después del "amén" final, Marcos, con los ojos abiertos como platos, tomó al brazo de David.

"¿Cómo sabe decir eso? –preguntó emocionado–. ¿Y cómo lo supieron ellos?" –insistió señalando a la congregación.

David relató este episodio a un pequeño grupo de cristianos.

"¿Cómo pueden aprender los niños las oraciones de nuestra fe si no les enseñamos? –les preguntó–. Si jamás han escuchado orar a una madre o un padre, o a un abuelo, ¿cómo aprenderán a orar?"[5]

Orar junto a nuestros hermanos usando las grandes oraciones de la fe es una experiencia poderosa, y los niños en seguida captan la sensación de temor reverente que tales oraciones producen. Al principio es posible que no entiendan las palabras, pero a su debido tiempo llegarán a comprenderlas.

DIOS RESPONDE A LAS ORACIONES

Los niños necesitan saber que Dios responde a las oraciones. La respuestas pueden variar dependiendo del modo en que hayamos orado. A veces esto supone un problema para los niños. Por supuesto, queremos que todas las experiencias de oración de los niños sean positivas, pero no podemos estar seguros de que eso suceda. Cuando un niño ora para que un ser amado que está enfermo se cure y esa persona muere, el niño puede pensar que, o bien Dios no escuchó su oración o no la respondió. Esto puede causarle un gran dolor y confusión. A veces estos son temas difíciles de tratar.

Los niños necesitan comprender que Dios responde las oraciones de diversas maneras, del mismo modo que los padres reaccionan de formas distintas a las peticiones del niño. A veces Dios dice: "Sí", otras: "No", otras: "Espera un poco" y otras: "Tengo una solución mejor"; pero Dios siempre dice: "Estoy contigo en esto, independientemente de cómo termine".

Es necesario que ayudemos al niño a crear conceptos positivos acerca de Dios en los primeros años de su vida. Durante los momentos difíciles, se sentirá consolado y ayudado si cree que Dios es bueno y le quiere ayudar. Si entienden la idea de que Él sabe lo que es mejor para ellos y les cuidará siempre, entonces, independientemente de cuál sea la respuesta a la oración, estarán seguros de la presencia y el amor divinos.

Delia Halverson, en su libro: *¿Cómo crecen nuestros hijos?*, sugiere que incluyamos en nuestras oraciones con los pequeños a profesionales a quienes ellos conozcan. Puede animarles a orar pidiendo: "Señor, auxilia al médico para que ayude a la abuela a ponerse bien".[6]

Asista a los niños para que entiendan que, aunque los médicos son ayudantes de Dios, a veces no descubren en seguida qué va mal y cómo hacer que la persona se cure, o quizá es que nadie ha descubierto aún la medicina adecuada.[7] Personalmente, nunca diría a un niño que no ore para que su familiar o amigo se cure. Todos los que hemos tenido a seres amados enfermos sabemos que pedir a Dios que sanen es un impulso normal. Todos deseamos un milagro, aunque sepamos que puede no producirse. Así que oramos para que se curen; y la vida y el mensaje de Jesús nos enseñan que esta es una forma de oración aceptable e incluso, deseable.

Mi hija, Suzanne, que es ministro de una iglesia y ha trabajado como capellán en un hospital, me ha ayudado en este punto. Me comentó que cuando empezó su trabajo en el sanatorio, se sentía desgarrada por dentro cuando personas en fase terminal le pedían que orara para que sanaran. ¿Tenía que darles falsas esperanzas orando y pidiendo por su curación? ¿Tendría que dar a la familia falsas expectativas? Le comentó a su supervisor esa preocupación.

"Por supuesto –respondió el superior–. Ora pidiendo la curación del paciente si te lo solicita, o si te sientes motivada a ello. No somos los que decidimos quién se va a curar o no. Dios sana a quien quiere. No somos nosotros los que determinamos esa cuestión".

Por este motivo y porque creo que Dios puede sanar y sana, jamás desanimaría a nadie para que dejara de orar por la curación de un ser amado. Sin embargo hay que tener mucho cuidado en enseñar a los niños que, por muchos motivos, y a veces por algunos que no comprendemos, en esta vida siempre habrá personas que no se curarán. Pero asegúreles que, sea cual fuere la respuesta a la oración, pueden estar seguros de que Dios les ama mucho, y que siempre está con ellos.

LA ORACIÓN LLEVA A UNA ACCIÓN

Los niños deben saber que, a menudo, la oración les llevará a hacer algo. Él espera y necesita que hagamos nuestra porción para dar respuesta a una oración. Formamos parte del gran plan de Dios, y nuestras manos son importantes si queremos que su reino se instaure en este mundo.

Hace algún tiempo, estaba trabajando en una iglesia cuando un huracán asoló la costa oriental del país. Las noticias locales de la televisión mostraban imágenes de la espantosa destrucción. Vi niños que se quedaron sin hogar, indefensos y familias que hacían largas colas esperando agua potable y alimentos.

Cada día los chicos de nuestra iglesia se sentían conmovidos por aquellas noticias sobre personas necesitadas. Durante una reunión, un domingo por la mañana ellos oraron por esas personas. Más tarde, los maestros de la Escuela Bíblica Dominical comentaron que, durante el tiempo de alabanza en sus aulas, los niños siguieron orando por aquella gente en apuros.

Al final, una niña pequeñita sugirió que hiciéramos algo para ayudar. Tras escuchar diversas sugerencias, decidimos recaudar dinero que destinaríamos a las personas damnificadas por el huracán. Llamamos a la campaña: "Dinero para personas en peligro". Un distribuidor local de agua embotellada nos dio dos grandes garrafas de plástico, y las situamos en puntos estratégicos de la iglesia. ¡Comenzaron a salir monedas de todas partes! Los niños las recogían por bolsas. Cuando los adultos se dieron cuenta de lo que estaba sucediendo, se emocionaron al ver aquel esfuerzo, y comenzaron a traer más monedas. Antes de concluir la campaña, habíamos recogido una gran cantidad de dinero para a ayudar a las víctimas.

Los niños deben saber que, en ocasiones, "los pies forman parte de la oración". Dios espera que hagamos nuestra parte, porque somos sus ayudantes para instaurar su reino en este mundo. Por tanto, estas son algunas de las pautas de las que debemos ser conscientes cuando colaboremos para que nuestros niños aprendan a orar.

CAPÍTULO SEIS

Modelos de oración para usar con niños

SEÑOR:
GRACIAS POR ESTE DÍA MARAVILLOSO QUE TENEMOS Y GRACIAS POR RESPONDER A NUESTRAS ORACIONES. EN EL NOMBRE DE JESÚS, AMÉN.
                                        EVA, CINCO AÑOS.

DIOS DE LA TIERRA Y DIOS DE LA LUZ:
TE PIDO QUE TENGAS MISERICORDIA DE MÍ QUE MUCHAS VECES NO VIVO CONFORME A LO QUE CANTO Y ORO. PERO TE QUIERO DAR GRACIAS POR LA MAÑANA Y POR LA NOCHE, PORQUE EN LA MAÑANA MI VIDA EMPIEZA DE NUEVO, Y POR LA NOCHE PUEDO ORAR PIDIÉNDOTE PERDÓN POR LOS PECADOS QUE HAYA COMETIDO. TE PIDO TU AMOR Y TU PERDÓN, PARA QUE PUEDA VIVIR CADA VEZ MÁS COMO TU DESEAS. AMÉN.
                                        MINA, DOCE AÑOS.

El antiguo proverbio: "En la variedad está el gusto", tiene una cierta importancia para nuestra vida de oración. Podemos usar muchas formas de orar, tanto en el caso de los niños como en el de los adultos, y esas distintas formas o modos de hacerlo nos proporcionan variedad a medida que crecemos en nuestra experiencia de oración. Sin embargo, démonos cuenta de que la oración nunca puede reducirse a una técnica porque no lo es; se trata de una relación con Dios. Por consiguiente, a lo que aspiramos es a una relación vital, constante y personal con el Señor vivo. Esto se puede conseguir hablándole y escuchándole, y las diversas formas de orar pueden ofrecer riqueza y variedad a nuestra experiencia.

LA ALABANZA Y LA ACCIÓN DE GRACIAS

Las oraciones de alabanza y acción de gracias son algo muy natural para los niños; no tienen problemas en alabar a Dios y darle gracias por todo lo que ha hecho. Por consiguiente, estos constituyen maravillosos puntos de partida para nuestro viaje en el terreno de la plegaria, y deberían ser la base de la oración primaria de los niños pequeños. Anímeles a usar sus propias palabras. Algunos versículos cortos de los Salmos también resultan útiles para expresar la alabanza y acción de gracias: Salmos 9:1–19:1–21:1–34:1–47:1–92:1–100:1, 2–107:1 – 118:24.

CONFESIÓN Y ARREPENTIMIENTO

A medida que los niños van creciendo, pueden usar otras formas de oración. Cuando empiezan a darse cuenta de que han ofendido a alguien mediante sus palabras o acciones, pueden usar oraciones de confesión y arrepentimiento. Verbalizar tales experiencias dolorosas, exponiéndolas a Dios en oración, constituye una purificación que provoca en la persona una sensación de limpieza, tanto si es adulto como niño. Esto respalda nuestra creencia de que Dios nos ama y perdona nuestros errores. Ser capaz de decirle: "Siento haber ofendido a mi amigo", ayuda al niño a tener el valor para decirle lo mismo a la persona ofendida.

Los niños también deben aprender a pedirle ayuda a Dios para perdonar a alguien que les haya ofendido. Perdonar no le resulta fácil a nadie, y algunos lo consideran la disciplina espiritual más difícil. Felizmente, parece ser que a los niños les cuesta menos pedir perdón que a los adultos. Son capaces de estar enfadados con un amigo un día, y al siguiente, cuando los adultos aún sentiríamos cierto resquemor, ¡los vemos abrazándose por el patio! Una de las grandes lecciones de la vida espiritual es aprender a decir: "Ayúdame a perdonar a mi amigo, que me ha ofendido".

PETICIÓN Y SÚPLICA

A medida que el niño madura, puede ofrecer oraciones de petición o súplica. Estos son ruegos que se formulan con intensidad y humildad delante de Dios, respecto a nuestras propias necesidades y deseos. Se puede describir el término "súplica" como: "Pedir con intensidad y humildad a Dios lo que necesitamos o deseamos". Cuando el niño comienza a hacer peticiones, debemos ayudarle a entender que aunque Dios no siempre responde a nuestras oraciones del modo en que esperamos, siempre las escucha y las responde de acuerdo con lo que es mejor para nosotros. Esta es una idea difícil de entender para los adultos, y los niños no son una excepción. Cuando recalcamos que Él es un Dios de amor y desea lo mejor para nosotros, hallamos paz en sus respuestas.

LA INTERCESIÓN

Otro tipo importante de oración es la intercesión. Durante varios años, el niño se centra en sus propias necesidades y es normal, pero a medida que los niños crecen y maduran deben comenzar progresivamente a orar por las necesidades de otros. Esta es la oración intercesora: "Olvidarnos de nuestras necesidades y centrarnos en las de los demás". Otra definición del verbo "interceder" es: "Rogar en beneficio de otros, altruista y humildemente".

Parece ser que a los niños les resulta fácil pedir por otras personas.

Comienzan orando por los miembros de su familia, por sus parientes y amigos y por aquellos a los que conocen de forma íntima. Luego, incluyen peticiones por los necesitados de otros lugares. Quizá han visto en la televisión un reportaje sobre un desastre en algún punto del mundo, y oran por esa situación. Quizá hayan visto una foto en la portada del periódico de una familia que ha perdido su hogar en un incendio, y se sientan motivados a orar por ella. A medida que el niño madura, hay que fomentar y fortalecer estas señales de su crecimiento.

CUANDO PEDIMOS A DIOS SU GUÍA

La oración pidiendo guía o dirección es otro de los tipos de oración. A lo largo de la Biblia, tenemos a personas que han buscado la guía divina por medio de la oración. En el mundo actual, los niños deben tomar muchas decisiones cruciales. Se enfrentan a tentaciones que no tenían los niños de años atrás. Por ejemplo, cuando aún son muy jóvenes se ven enfrentados a la tentación de probar las drogas y el alcohol, y la presión que sobre ellos ejercen los que los rodean es enorme. Aunque esperamos que dependan de adultos de confianza para tomar decisiones, también deben aprender a buscar la ayuda de Dios cuando tengan que hacerlo.

¿Cómo responde Dios a las oraciones en busca de guía, tanto si son las nuestras como las de un niño? A menudo usa a un amigo o un miembro de la familia para transmitirnos la respuesta que hemos estado buscando. A veces envía la respuesta por medio de las Sagradas Escrituras, en una palabra o una frase. Y a veces nos responde directamente al corazón, susurrando unas palabras de ayuda con tal suavidad que solo le escuchan nuestros oídos. En Isaías 30:21 leemos:

> Entonces tus oídos oirán a tus espaldas palabra que diga: Este es el camino, andad por él; y no echéis a la mano derecha, ni tampoco torzáis a la mano izquierda.

A menudo esta es la manera en que Dios nos guía, pero debemos tener oídos atentos a su voz. Esperemos que nuestros hijos también puedan aprender a tener esa capacidad de escucharle.

LA ADORACIÓN

Una fórmula concisa que les gusta a los niños es la del acróstico "ACAS": Adoración, Confesión, Acción de gracias y Súplica. Seguramente ya les son familiares las palabras confesión y acción de gracias, pero hay que enseñarles lo que significa la palabra adoración. (La palabra "súplica" ya la hemos mencionado antes.) Podemos explicarles que adoración es el acto de amar o adorar a Dios con el amor más profundo que podamos imaginar. Es sentir un temor reverente suscitado al ver quién es Dios y todo lo que ha hecho, y adorarle por todos sus dones.

Hay una ilustración que puede ayudarnos a distinguir entre el significado de la adoración, la alabanza y la acción de gracias.

Una tarde, un padre estaba sentado frente a su escritorio, concluyendo cierto trabajo. Los niños de la casa sabían que no debían molestarlo cuando estaba en su despacho. Aun así, el más pequeño entró en silencio en la habitación. Mientras el padre continuaba con su trabajo, se sentó allí, en silencio, observándole.

—¿Qué es lo que deseas, hijo? —preguntó el padre luego de unos minutos.

—Nada —respondió el niño—. Solo te miro y te quiero.

Eso es adoración. Se trata de "mirar, amar y estar en su presencia".

Por tanto, la fórmula "ACAS" puede ayudar a los niños a recordar los diversos tipos o modo de oración y a incorporarlos en sus vidas.

LA ORACIÓN BREVE

Este es otro tipo de oración que los niños pueden aprender fácilmente. Es una forma antigua de rezo que se ha venido usando durante siglos, y consiste en una breve plegaria de alabanza y petición. Se divide en dos partes, una de las cuales la constituye el nombre favorito de Dios que usamos habitualmente. Para los niños, el nombre de Dios más fácil es: simplemente "Dios".

A medida que van comprendiendo sus atributos o cualidades, pueden optar por otros nombres; por ejemplo: Jesús, Maestro, Padre, Espíritu Santo, Señor, Creador, Pastor, Eterno, etc. La segunda parte de la oración breve, también llamada "oración de un suspiro", se compone de una necesidad, y debe formularse como una petición. Sugiera al niño que pase unos instantes en silencio, meditando en alguna necesidad que tenga en esos momentos de su vida. Quizá el niño o niña necesite saber cómo manejar una experiencia desagradable de la escuela o un problema con un amigo. Una frase breve relacionada con una de estas necesidades constituiría la segunda parte de la oración rápida. Algunos ejemplos pueden ser: "Amado Dios, perdóname"; "Dios, ayúdame"; "Dios, protégeme" o: "Quédate cerca de mí, Señor Jesús".

El nombre de Dios se puede introducir al principio de la oración o al final, dependiendo de cómo suenen entonces las palabras. Decir la misma oración varias veces, poniendo primero el nombre de Dios en la primera parte de la oración y luego en la segunda, ayudará a ver cómo suena mejor. Los niños también deben prestar atención a su respiración mientras oran, lo cual les puede exigir cierta práctica. Sin embargo, al final se convertirá en una expresión de alabanza y petición a Dios que no les costará esfuerzo alguno. La primera parte de la oración debería decirse mientras inspiran, y la segunda cuando espiran. La disciplina y la práctica convertirá a estas oraciones en una forma útil y repleta de sentido, tanto para adultos como para niños. Se puede relegar a un segundo plano la oración breve a medida que vayan cambiando las necesidades.

Esta es una invocación que puede formularse en cualquier momento y circunstancia. Gradualmente, el niño se acostumbrará a usarla a menudo, lo cual es el propósito. En 1 Tesalonicenses 5:16, 17 leemos:

Estad siempre gozosos. Orad sin cesar.

Y de nuevo, en Efesios 6:18 leemos: "Orando en todo tiempo con toda oración y súplica en el Espíritu". Aprender a orar sin cesar es difícil para la mayoría de nosotros, pero la oración "del suspiro" es una de las maneras de adquirir esta importante disciplina. Nos permite orar continuamente mientras, al mismo tiempo, seguimos con nuestra rutina cotidiana. A los niños les maravilla saber que pueden orar sin que nadie lo sepa, y participar con Dios una oración secreta y especial.

LA ORACIÓN DE JESÚS

Otra oración breve que se puede ofrecer en cualquier momento, lugar y circunstancia es la oración de Jesús. Esta oración ha llegado hasta nosotros desde la tradición cristiana del oriente, y los cristianos la han usado desde el siglo VI. Nació del deseo de orar sin cesar, y durante cientos de años la han usado incontables personas que deseaban tener una vida de invocación más profunda. (Para más información sobre la oración de Jesús, ver: *El camino del peregrino*, escrito por un campesino anónimo del siglo XIX; y para una explicación más extensa tanto de la oración breve como de la de Jesús, ver la obra de Ron DelBene: *The Breath of Life* [Aliento de vida].)[1] Cuando he utilizado esta oración con los niños, se sienten intrigados por ella, porque es muy antigua. Les pido que usen su imaginación para pensar en todas esas personas distintas que, a lo largo de los siglos, la habrán usado. La mayoría de los pequeños tienen una imaginación muy vívida, ¡y son capaces de contarnos historias asombrosas de las personas que quizá usaron la "Oración de Jesús"!

También les gusta esta oración por su ritmo y su fluir suave, les agrada cómo suena. La oración: "Señor Jesucristo, Hijo de Dios, ten misericordia de mí, pecador" es fácil de decir y se presta a la repetición. Hay muchas formas abreviadas, tales como: "Señor Jesucristo, Hijo de Dios, ten misericordia de mí", o: "Jesucristo, ten misericordia", o: "Jesús, misericordia". Omitiría la palabra "pecador" cuando usemos esta oración con niños pequeños.

Aunque la oración breve y la de Jesús constituyen plegarias extremadamente útiles, no deben ocupar el lugar de todas las demás oraciones. John Dalrymple dice: "Lo cierto es que solo aprendemos a orar constantemente y en todo lugar, una vez que hemos decidido orar durante cierto tiempo en distintos lugares".[2] Por consiguiente, debemos continuar con los otros tipos de oración, incluso la espontánea y las típicas oraciones antes de las comidas y de acostarnos.

LAS LETANÍAS

Las letanías son excelentes para usarlas con niños, en especial con los que se resisten a expresar sus oraciones en voz alta. Algunos niños, por distintas razones, son incapaces de verbalizar sus invocaciones, pero están dispuestos a expresar una respuesta breve que no cambie. Las letanías consisten generalmente en una o dos líneas seguidas de una palabra o frase a modo de respuesta, y suelen centrarse en un tema concreto. Por ejemplo, en el caso de una letanía de acción de gracias, el adulto a cargo puede pronunciar una o dos frases de agradecimiento: "Gracias Dios, por el mundo maravilloso que nos has dado"; y el niño o todo el grupo pueden responder tras cada frase con otra breve: "Te damos las gracias Señor". También se puede usar como respuesta otro tipo de frases como: "Bendito sea el Señor", "Ven, Señor Jesús" y: "Alabado sea el Señor", así como palabras sueltas como shalom o aleluya.

Explique a los niños el significado de cualquier palabra que no entiendan. Aunque es posible que hayan oído las palabras "shalom" y "aleluya", recuérdeles que son palabras hebreas que se han usado durante siglos. Shalom suele usarse como saludo o despedida y se traduce como "paz", aunque en su sentido más pleno significa "plenitud". Aleluya significa alabar o dar gracias a Dios (*hallel* significa "alabanza", y *ya* es la abreviatura de "*Yahvé*", Dios). Por consiguiente, la palabra significa: "Alabad a Dios".

También se puede usar salmos como letanía; un niño o un adulto leen los versículos y los demás niños responden con una frase. Un ejemplo podemos hallarlo en el Salmo 148:1-4:

Alabad a Jehová desde los cielos;
Alabadle en las alturas.
Alabadle, vosotros todos sus ángeles;
Alabadle, vosotros todos sus ejércitos.

Respuesta: ¡Alabad al Señor!

Alabadle, sol y luna;
Alabadle, vosotras todas, lucientes estrellas.
Alabadle, cielos de los cielos,
Y las aguas que están sobre los cielos.

Respuesta: ¡Alabad al Señor!

A algunos niños les gusta escribir sus propias letanías y dedicar luego un tiempo a orar usándolas. Muchos son tremendamente creativos con este tipo de oración, y revelan profundos pensamientos cuando les damos la oportunidad de expresarse. Hay una letanía que escribieron los niños de la *Calvary United Methodist Church* (Iglesia Metodista Unida del Calvario) en Durham, Carolina del Norte, que manifiesta semejante creatividad.

Ven.
Respuesta: Señor, ayúdanos a mostrar amor en todo lo que hagamos.
Te amo.
Respuesta: Señor, ayúdanos a mostrar amor en todo lo que hagamos.
Come con nosotros.
Respuesta: Señor, ayúdanos a mostrar amor en todo lo que hagamos.
Ámanos, cuídanos.
Respuesta: Señor, ayúdanos a mostrar amor en todo lo que hagamos.

LAS ORACIONES RELÁMPAGO

La oración relámpago es otro tipo que funciona perfectamente con los niños. El mérito de su creación suele concederse a Frank Laubach, y hoy día existen muchas versiones de ella. Una oración relámpago es la que todos podemos usar, porque a pesar de nuestro acelerado ritmo de vida podemos dedicar unos segundos a una oración así. El proceso es muy sencillo. Cuando vemos a alguien con necesidad, lanzamos (enviamos) una oración en su dirección: "Señor, acompaña a esa persona. Concédele sentir tu presencia", o si oímos la sirena de un automóvil de bomberos o una ambulancia que avanza a gran velocidad por una calle, podemos orar: "Amado Dios, cuida de la persona enferma o herida". Si vemos a alguien con aspecto muy triste, podemos orar: "Señor, no sé cuál es la necesidad de esa persona, pero dale alegría, haciéndole saber que estás con ella".

Los niños adoptan en seguida este tipo de plegaria y al cabo de un poco de práctica, captan en qué situaciones pueden formularlas. Las personas que utilizan esto informan de que producen resultados sorprendentes. A veces la persona triste por la que han orado sonríe, o si hemos orado por alguien que estaba enfadado, su ira se disipa. Ciertamente, tal y como escribió Alfred, Lord Tennyson: "La oración consigue más cosas de las que el mundo imagina".

LA BENDICIÓN

La oración de bendición es una clase que probablemente no se usa tanto como debería. Esta oración la pueden adoptar los adultos para bendecir a los niños, o los pequeños para bendecir a los adultos o a otros chicos. El verbo "bendecir" es otro término que debemos ayudar a los niños a comprender. Algunas personas piensan que el concepto de bendecir es muy difícil de entender. Creo que se trata de una palabra viable para ellos, y que con algunas explicaciones pueden entenderla y usarla correctamente.

En el capítulo 5 comentamos las palabras de Henri Nouwen sobre bendecirnos unos a otros. Nouwen decía que la palabra bendecir proviene del término *benediction*, que significa hablar bien o decir cosas buenas de alguien. Algunos otros significados adicionales del verbo bendecir son: "invocar el favor divino sobre nosotros; honrar a alguien como santo; conferir bienestar a alguien". Todos necesitamos este tipo de oración. Ver cómo otros ofrecen una bendición, invocando el favor de Dios sobre nosotros, nos proporciona la sensación de estar en la presencia divina. ¡Cómo mejora nuestro día cuando alguien hace esto! Una de las maneras de usar la oración de bendición es colocar suavemente nuestras manos sobre la cabeza de la otra persona y alzar una breve plegaria a su favor. Para hacer esto no hace falta que seamos pastores, o líderes religiosos de ningún tipo, ¡e incluso un niño puede hacerlo!

Los pequeños son capaces de aprender una oración de una sola frase para bendecir a un hermano, hermana o padres. Expresiones tales como: "Que Dios te bendiga" o: "Que el Señor te bendiga y te guarde" son suficientes. Los niños mayores pueden añadir: "Que el rostro del Señor brille sobre ti, y te muestre su favor. Que el Señor se vuelva a ti y te conceda paz" (Nm. 6:25, 26 paráfrasis de la autora).

Los momentos especiales para ofrecer una bendición son cuando alguien se aleja del hogar o cuando nos vamos a acostar. Los niños pueden brindar una bendición por sus hermanos o hermanas, y los padres por sus hijos, cuando los pequeños van a la escuela. Los niños pueden elevar una bendición por sus padres cuando se van a trabajar. Las oraciones de bendición son especialmente adecuadas en un cumpleaños, para resaltar el hecho de que el homenajeado es una persona muy especial. Los maestros pueden bendecir a sus alumnos y, si no está permitida la oración audible, puede optar por orar en silencio. Mi nieta asistió a una guardería en la iglesia donde el ministro les invitaba a entrar en el santuario una vez por semana. Se les animaba a pasar junto al ministro mientras él, en silencio, les ponía las manos sobre la cabeza como bendición.

—¿Por qué hace eso? —me preguntó.
—Bueno, pues le da gracias a Dios por ti —fue mi respuesta.
—¡Pero si no dice nada con la boca! —protestó ella.
—Lo sé, pero lo dice con el corazón —le aseguré.
¡Podemos decir tantas cosas con el corazón! Y sentir que alguien

nos toca para bendecirnos es algo hermoso. Necesitamos desesperadamente recordarnos unos a otros que somos seres espirituales, y por medio de la oración de bendición fijar esta verdad en nuestra memoria.

LA MEDITACIÓN SILENCIOSA

La última forma de oración que comentaremos en esta sección es la oración en silencio. Es un tipo de plegaria que nos prepara para la meditación y la contemplación; porque sin la capacidad de guardar silencio, la meditación y la contemplación son imposibles.

Lamentablemente, muchos de nosotros, tanto adultos como niños, hemos perdido (¡si es que alguna vez la tuvimos!) la capacidad de guardar silencio. Para demasiados de nosotros, cada minuto del día está lleno de ruidos y actividades de todo tipo.

Los padres y madres del desierto, que vivieron durante los siglos IV y V, y fueron los primeros líderes espirituales que abandonaron sus hogares y se adentraron en la soledad del desierto egipcio buscando un contacto más profundo con Dios, dando inicio a la vida monástica, nos enseñaron que el silencio es una disciplina esencial en la vida espiritual.

Nos revelaron que es, primariamente, una cualidad del corazón, y dado que este santuario portátil lo llevamos dentro, puede acompañarnos dondequiera que vayamos. ¡Qué regalo tan precioso tenemos!

Sin embargo, pocos nos damos cuenta de que poseemos este don. Nuestra vida está demasiado llena, demasiado ocupada. Constantemente nos bombardea el ruido: televisión, aparatos de vídeo, reproductores de discos compactos, teléfonos, computadoras y electrodomésticos de todo tipo. Debemos afirmar nuestra voluntad si deseamos apartarnos de la conmoción que nos rodea y aprender la oración del silencio. Sobre todo, los niños deben disponer de la oportunidad de hacer esto, porque les prepara para tener la capacidad de retirarse a su santuario interior el resto de sus vidas.

Comience muy temprano a enseñar a su hijo cómo apreciar el

silencio. Cuando los niños pequeños se despiertan por la noche, podemos ayudarles a estar en contacto con su "santuario interior". Después de darles el vaso de agua, o lo que hayan pedido, abrácelos unos instantes y dígales: "Sentémonos un minuto sin decir nada. Dios usa nuestros momentos de silencio para hablarnos de una forma especial".

A medida que los niños van creciendo, léales la historia de Samuel y Elí en el Antiguo Testamento (1 S. 3). Dios habló a Samuel en medio del silencio de la noche, y podemos destacar que Dios a menudo nos habla también a nosotros por la noche, o en otros momentos de quietud.

Sin excepciones, todos los niños a los que entrevisté, cuando les pregunté:

"¿Creen que es más fácil orar cuando hay ruido o cuando estás en silencio?"

"Cuando hay silencio" –respondieron.

Mencionaron que la televisión y otros ruidos les impedían escuchar a Dios. Una niña pequeña me sostuvo que no podía oír la voz de Dios ¡si se lo impedía el mero sonido de alguien comiendo papas fritas!

Debemos recordar constantemente a los niños que encuentren su propio lugar donde estar en silencio. Esos lugares especiales, lugares que "encajan con ellos" (expresión de Marlene Halpin), son donde Dios puede encontrarse con ellos en cualquier momento. Y en medio del silencio, puede hablarles en privado. Si en un cuarto tenemos a un grupo de niños, cada uno puede hallar su lugar tranquilo, quizá en un rincón, bajo una mesa o tras una puerta. Y, lo que es más importante, una criatura es capaz de hallar un lugar tranquilo en su interior, aun rodeado de gente.

Delia Halverson sugiere que, tras un momento de quietud, mientras los niños permanecen en sus lugares privados, les invitemos a conocer el "yo verdadero" que llevan dentro. Sugiere que deben pensar en quiénes son realmente. "¿Será mi brazo? ¿O mi pie? ¿O mi cabeza? ¿Qué parte de ustedes ríe y llora? ¿Qué parte de ustedes ama, y qué parte se siente bien cuando hacen algo por otra persona? Esa parte es su verdadero yo".

Sigue manifestando: "Ahora mismo, Dios y su verdadero yo están reunidos en su corazón. Dejen que Dios les ame... disfruten de ese amor. Escuchen lo que Él tenga que decirles".[3]

Al cabo de un tiempo de silencio, concluya esta experiencia con una oración, usando el Padrenuestro o cualquier otra adecuada.

Otra experiencia de meditación en oración que a los pequeños les agrada es la de usar porciones de las Escrituras como meditación dirigida. Historias como la de Jesús alimentando a los cinco mil (Mt. 14:13-21), la historia de Zaqueo (Lc. 19:1-10), o la de Jesús bendiciendo a los niños (Mr. 10:13-16), son adecuadas para este propósito. Anime al niño o niños a que se adentren en la historia, como si hubieran estado allí. Permita que usen sus sentidos para vivir los hechos: oliendo los aromas, viendo el hermoso paisaje, tocando la hierba verde o el borde de la túnica de Jesús, oyendo cantar a las aves y hablar a las personas, o el sonido del agua en el río.

Es probable que no hayamos usado esta oración del silencio con nuestros hijos tanto como sería necesario. Marlene Halpin expresa: "Dios nos encuentra donde y cuando lo desea. A veces su elección del tiempo y el lugar coinciden con la nuestra... pero no siempre... depende de nosotros reconocer la presencia divina y responder a ella en consecuencia".[4]

Apartando instantes de silencio en la vida de un niño, proporcionamos hospitalidad al Espíritu de Dios para que los visite.

Estos son algunos de los tipos de oración que he descubierto que funcionan bien con los niños. Por supuesto, hay otros, y a medida que usted vaya explorando las diversas posibilidades, puede llegar a elaborar una lista propia.

CAPÍTULO SIETE

Actividades para potenciar la experiencia de la oración en los niños

AMADO DIOS:
GRACIAS POR LAS MUCHAS BENDICIONES QUE NOS HAS DADO. TE RUEGO QUE ME AYUDES A USAR ESAS BENDICIONES PARA ASISTIR A OTROS. PERDÓNAME POR TODAS LAS COSAS MALAS QUE HE HECHO. AMÉN.

ESTEBAN, DIEZ AÑOS.

Una de las cosas más importantes que ya hemos dicho acerca de la oración, y que nunca nos cansaremos de repetir, es que no es una técnica o un ritual especial ni una actividad más. La oración es una relación con Dios, es comunión constante, amante y personal. Sin embargo, como los niños pequeños no pueden pensar en abstracto, tal y como hacemos los adultos, debemos utilizar diversas actividades para recalcar mejor el significado de la oración. A continuación incluyo algunas actividades que se pueden realizar tanto en familia, como en el hogar, o en un aula de la iglesia. Al llevar a cabo cada una de ellas, ayude al párvulo a comprender el propósito de la tarea, porque si no lo comprende, todo el asunto se va a quedar en simple activismo.

EL LIBRO DEL AGRADECIMIENTO

Una actividad adecuada para chicos muy pequeños es la de elaborar un "libro de agradecimientos", indicando en él las cosas por las que dan gracias a Dios. El niño puede hojear algunas revistas y recortar (a veces con ayuda) imágenes de cosas por las que quiere dar gracias a Dios. Entonces esas imágenes se pegan en las páginas del libro. El adulto que ayude puede animarle a hacer una sencilla oración dando gracias, mencionando los elementos que aparecen en el libro. Los mayores quizá prefieran dibujar en lugar de recortar. Entonces pueden añadir una sola frase de acción de gracias por cada uno de los elementos en el libro. También se les debe ofrecer la oportunidad de tener una oración de acción de gracias por las cosas que han dibujado.

LA CAJA DE ORACIÓN

Una actividad parecida, que refuerza las oraciones de acción de gracias, es la de hacer una "caja de agradecimientos". Forre y decore cualquier tipo de caja, dejando una ranura en la tapa. Los niños que sean lo bastante mayores pueden escribir en trozos de papel cosas por las que están agradecidos, que entonces se introducen en la caja. Los más pequeños, una vez más, pueden recortar imágenes de las revistas. En un momento determinado, como por ejemplo la hora de cenar si se usa esta técnica en el hogar, o en el momento de la adoración si se usa en la Escuela Bíblica Dominical u otro entorno similar, se invita a los niños a sacar un papelito de la caja, o una foto, y dar las gracias en oración por eso. Todos los demás deben responder: "Gracias Señor".

Una variante de la "caja de agradecimientos" es la "caja de oración por las necesidades", o "caja de oración familiar". Esto funciona muy bien en el entorno familiar, porque anima a las personas a dar a conocer sus necesidades sin "demasiada solemnidad". Es posible que dentro de la familia haya alguien que no se sienta cómodo expresando sus necesidades, pero que sí esté dispuesto a escribirlas en un papel y meterlo en la caja.

Los miembros de la familia acuerdan mirar en la urna de vez en cuando y, cada vez que haya una necesidad, orar por ella.

Otra actividad que fomenta la actitud de acción de gracias es que los niños, tanto en su casa como en la Escuela Bíblica Dominical o en cualquier otro entorno, hagan un cofre del tesoro, que puede ser cualquier caja resistente. Anime a los niños a meter en la caja todas las cosas especiales que les recuerdan a Dios. Los ejemplos pueden ser una pluma, una piedra, un trozo de cascarón, una flor seca y cosas así. Mis hijos de pequeños tuvieron cajas similares, y siempre resulta interesante ver qué cosas eligieron que les recordaban a Dios y su bondad para con ellos.

EL *COLLAGE*

A los niños les agradan los *collages* (imágenes creadas a partir de otras imágenes), ya sea individualmente o trabajando en equipo con otros pequeños. Pueden recortar imágenes de cosas por las que se sienten agradecidos y pegarlas formando una imagen mayor en una cartulina o sobre papel de embalar. Una vez más, hay que formular una oración de agradecimiento al final de la actividad.

EL DIARIO DE ORACIÓN

A medida que van creciendo, anímeles a escribir un diario. A casi todos los niños, cuando son lo bastante mayores, les gusta llevar un diario que informa sobre los acontecimientos cotidianos de sus vidas. De todos modos, debemos distinguir este diario del otro, más personal; este diario de oración, en vez de hablar sobre los episodios cotidianos, habla de la interacción de la persona con la presencia de Dios en su vida. Cada jovencito debe tener su propio diario, el cual puede ser desde un simple cuaderno hasta un libro con bonita portada, pero si las páginas están rayadas le facilitaremos al niño la labor de escribir. Deben estar seguros de que es su libro privado. Todo lo que escriban en él quedará entre ellos y Dios. Algunas de las cosas que pueden incluir son porciones de los Salmos u otros pasajes de la Biblia. Se puede añadir al diario flores secas u otros elementos naturales. Alguien ha dicho que deberíamos escribir un salmo para cada milagro de nuestra vida. Este es un maravilloso ejercicio para todos nosotros, y debemos motivar al niño con el que trabajemos a que escriba su propio salmo, u otras expresiones, alabando la bondad de Dios.

Llevar estos escritos también constituye una disciplina útil si nos tomamos en serio nuestra vida oracional. Muchos adultos, que desean profundizar en su vida de oración, escriben diarios y se dan cuenta de que esto les resulta útil para mantenerse firmes. Creo que esta técnica es buena también para muchos niños.

Existen variedades del diario de oración, pero cuanto más sencillo pueda ser, será mejor para los niños. En el libro del niño, divida el espacio en cuatro columnas. La primera debe tener el encabezamiento de: "Fecha". La segunda debe ser: "Motivo de la oración". Si se ora por una persona, hay que apuntar su necesidad específica. La columna tres es la de: "Fecha en que Dios respondió". Y la cuarta debe titularse: "Cómo respondió Dios".

Este tipo de registro hace muchas cosas por nosotros a medida que crecemos en nuestra vida de oración. Primero, nos ayuda a ver que Dios, ciertamente, responde a nuestras plegarias. A veces pedimos por alguien o algo, ¡y nos olvidamos de darnos cuenta de que Dios respondió!

En segundo lugar, estas memorias nos ayudan a ver cómo responde Dios a nuestras oraciones, de maneras en que no se lo habíamos pedido ni esperábamos; puede haber dicho que "no", o responder de una forma distinta y mejor de lo que hubiéramos podido imaginar. En algunos casos, cuando miramos la fecha de nuestra oración y vemos que no hay nada escrito en las dos columnas de: "Fecha en que Dios respondió" y "Cómo respondió Dios", nos damos cuenta de que a veces nos dice "espera". Y cuando dice esto, hace falta mucha paciencia. Las personas con una fe fuerte, que tienen una profunda vida de oración, informan del hecho de que a veces han orado durante muchos años antes de recibir una respuesta. Ayude a los niños a comprender que esto es lo que en ocasiones sucede también con nuestras oraciones. Garantice a los pequeños que Dios siempre nos escucha, y que en el momento en que le parezca adecuado, responderá a nuestras oraciones.[1]

CÓMO ESTUDIAR LOS SALMOS Y PONERLOS EN PRÁCTICA

Un estudio de los Salmos también ayuda a los niños a crecer en su vida de oración. Explíqueles que son textos muy antiguos, escritos mucho antes de que Jesús viviera en este mundo, y que Él los leía y oraba basándose en ellos. En los Salmos hallamos canciones y oraciones escritas por diferentes autores, que expresan sentimientos muy distintos. Lea algunos salmos con ellos y comente los sentimientos y preocupaciones que encuentren. Al igual que los autores expresaban sin vergüenza sus sentimientos, también nosotros podemos hacerlo. Dios es lo bastante grande como para comprender y aceptar todos nuestros sentimientos, incluso los de tristeza, soledad, temor e ira.

Otra manera de ayudar a los niños a sentir algo especial por los salmos es el de pedirles que elijan y escriban porciones de ellos en diversas páginas. Sugiera que los niños ilustren los salmos, y los guarden en un cuaderno que puedan consultar en cualquier momento. Pueden usar pasajes de los Salmos como oraciones, y aprender a orar fijándose en ellos, como han hecho muchos cristianos antes que nosotros.

La mayoría de esos versículos se los aprenderán de memoria, de modo que en años posteriores, puedan recordarlos como un don precioso.

LA MÚSICA Y EL MOVIMIENTO

Las canciones también pueden ser una oración, y en particular a los niños les agrada usar sus voces para alabar a Dios. Cantar unas cuantas líneas de una canción es una forma excelente de ayudarlos a que entren en la presencia de Dios. Los himnarios de algunas iglesias suelen tener un índice bajo el título "Oración", "Respuesta a la oración" o "Selecciones infantiles", también en materiales para la Escuela Bíblica Dominical suelen encontrarse canciones adecuadas para usar con los pequeños.

Les agrada el movimiento, y a menudo se alegran mucho al saber que pueden usarlo a la hora de orar. Sugiera que se muevan para expresar sus oraciones a Dios. Permítales usar tiras de papel, tela de colores o papel "crepé" para que lo agiten en el aire siguiendo el ritmo de la música, o en silencio, mientras oran. Ayúdeles a entender que pueden usar sus cuerpos, tanto como sus voces y mentes, para expresar alabanzas. Los niños pueden confeccionar un bastón de oración con una vieja escoba (solo el palo) a la que le pegan una percha metálica colocada boca abajo. Alise el gancho de la percha y péguelo al palo. Agregue largas tiras de papel de colores o tela y, para añadirle otra dimensión, se pueden colgar algunas campanitas. Sugiera a los niños que muevan el bastón de oración para expresar sus sentimientos mientras oran.

Se pueden añadir también otros sonidos a la hora de la oración, usando instrumentos musicales sencillos tales como maracas, palitos, tambores, etc. Y, qué duda cabe, ¡a los niños les agrada el sonido de todo esto!

ENSEÑE A LOS NIÑOS A DESCUBRIR LAS ENSEÑANZAS DE JESÚS SOBRE LA ORACIÓN

Para los niños mayores, incluso hasta para los de sexto grado, resulta emocionante leer y explorar las enseñanzas de Jesús sobre la oración. Anímelos a descubrir cuántas veces oró Jesús, dónde y en qué circunstancias. También pueden teatralizar esas situaciones, expresar mediante dibujos esos acontecimientos, o confeccionar y utilizar marionetas para contar la historia.

LA TÉCNICA DE DESCUBRIR LAS ORACIONES DE LA BIBLIA

Además de leer las oraciones de Jesús, los niños mayores disfrutan descubriendo y leyendo algunos otros ruegos que aparecen en la Biblia. Estos pueden incluir la petición de Abraham de tener un hijo (Gn. 15:1-6); la de Daniel pidiendo sabiduría (Dn. 2:17-23); la de David solicitando bendiciones (2 S. 7:18-29); la oración de Elías para triunfar sobre Baal (1 R. 18:36-38); la oración de los cristianos a favor de Pedro cuando estaba en la cárcel (Hch. 12:5-12); la oración de los discípulos pidiendo valor (Hch. 4:24-31); la de Pablo, para sanar al padre de Publio (Hch. 28:8); otra de Pablo, pidiendo gracia (2 Co. 12:8, 9); y la oración de Pedro pidiendo que Dorcas volviera a la vida (Hch. 9:40). Ayude a los niños a conocer la historia tras cada una de estas oraciones, y que las estudie para poder comprender mejor por qué sus protagonistas hicieron cada una de ellas.

EL LENGUAJE DE LAS SEÑAS

Una actividad divertida para estos pequeños que ya están en la escuela primaria es la de aprender el lenguaje de señas, utilizado para la comunicación entre sordos, para decir el padrenuestro. Todas las veces que he visto a niños practicando esta actividad he sentido una experiencia religiosa muy emocionante. Creo que produce el mismo efecto en ellos, cuando se toman en serio lo que están haciendo.

En la mayoría de las bibliotecas encontrará libros para saber cómo enseñar este lenguaje, pero si no lograra encontrar ninguno, localice a alguien que pueda traducirlo y se lo enseñe. Cuando los niños hayan dominado la técnica, haga que la participen con alguien más, quizá con otra clase, si lo han aprendido en un aula de Escuela Bíblica Dominical, o con otros miembros de la familia, si lo aprendieron en casa. Asegúrese de que recuerden que están expresando una oración, de modo que deben mantener una actitud de reverencia.

LAS FOTOS

Muchos niños viven a cientos de kilómetros de sus familiares más lejanos, y se les debe recordar a menudo el amor que aquellos sienten por ellos. Orar unos por otros es una forma de conseguirlo. Saber que los seres amados están orando por ellos, les proporciona seguridad.

Asegúrese de que cada chico disponga de un álbum con algunas fotos de sus familiares. Cada noche puede contemplarlas y ofrecer una oración por cada uno.

Esto funcionó muy bien en el caso de mi familia, cuando pasamos varios años viviendo fuera del país. Nuestro hijo tenía en su álbum fotos de sus abuelos, tías, tíos y primos, y cada noche mirábamos juntos las fotos y orábamos por esas personas. Los padres de mi esposo vinieron a visitarnos cuando llevábamos fuera un año, y él corrió hacia ellos, como si acabara de verlos el día anterior. Creo que la oración puede unirnos, sin importar los kilómetros que nos separen. Esto es algo importante que deben saber los niños.

LA GEOGRAFÍA Y LA ORACIÓN

Anime a los niños a orar por otras personas del mundo. Tenga a mano un globo terráqueo o un planisferio. Cuando suceda algo en algún sitio del mundo, ayude a los niños a localizarlo y luego orar colocando las manos sobre el país o lugar por el que están orando.

LOS BRAZALETES DE ORACIÓN

Otra manera tangible de recordarnos que debemos orar por alguna persona o motivo específico es usar una pulsera o brazalete de oración. Mi abuela tenía un sistema para recordar las cosas importantes: ¡Se ataba un cordel al dedo!

No es una mala idea para incorporar a nuestra vida de oración. Si recordamos en oración a alguien especial, o si oramos por algún tema concreto, atemos un cordoncito a nuestro dedo, o al del niño, para ayudarle a recordarlo. Cada vez que nos demos cuenta de que llevamos el cordón, nos acordaremos de orar.

Otra variante de esta técnica es la de llevar un brazalete de oración. Se pueden confeccionar fácilmente, usando varias hebras trenzadas de diferentes colores, lo bastante largas como para que el niño o niña la lleve de pulsera. Entonces puede susurrar una oración cuando vea la pulsera, y acordarse así de la necesidad. La práctica hace mejorar la técnica, y esta es otra forma de animar al niño a orar en cualquier lugar, momento, o sobre cualquier tema. Toda la vida es santa; no podemos dividir entre lo secular y lo santo, y Dios acepta las oraciones en todo momento.

LA CADENA DE ORACIÓN

Otra de las actividades que a los niños les gusta es la de hacer una cadena de oración. Todos hemos hecho alguna vez cadenas de papel. Recorte, o deje que sean los niños quienes lo hagan, trozos de papel del mismo tamaño. Luego tomen cada papelito y escriban una necesidad, ya sea propia o de otra persona. Después de que lo hayan hecho, pueden pegar los papeles para formar la cadena y colgarla en la pared de su habitación o donde lo deseen.

LAS CELEBRACIONES

Los momentos especiales en la vida de los infantes se deben aprovechar para destacar la oración. Los cumpleaños, son instantes únicos para una celebración. El pastel debe tener velas, por supuesto, pero también se puede añadir una vela grande que se encienda cada cumpleaños. Diga una oración de acción de gracias y bendición por el niño o niña, mencionando algunas de las cosas buenas que han sucedido en su vida durante el año anterior.

Navidad y Semana Santa ofrecen preciosas oportunidades para destacar la oración y la santidad de la vida. Dado que estas fechas se han comercializado tanto, debemos esforzarnos en nuestra familia para conservar la importancia espiritual de tales ocasiones. La época de Adviento comienza cuatro semanas antes de Navidad, y es una preparación para el nacimiento de Cristo. Durante estas semanas, señale los días que faltan hasta Navidad y destaque, de alguna manera, su naturaleza espiritual.

Una corona de Adviento es otra forma de señalar el carácter sagrado de esta época. Compre o elabore una corona usando una base de poliuretano y añadiéndole hojas naturales o artificiales. La corona requiere cuatro velas, tres púrpuras como símbolo de la lealtad y una rosa como símbolo del gozo. El primer domingo de Adviento, encienda la primera vela púrpura, lea de las Escrituras, cante un himno y oren juntos. Continúe cada domingo encendiendo una segunda vela el segundo domingo de Adviento; el tercero, vuelva a encender las dos velas púrpuras y además, la rosa, y la última vela púrpura, junto con las tres anteriores, enciéndala el domingo anterior a Navidad. Ese día, coloque una vela blanca, símbolo de Cristo, en medio de las otras cuatro de la corona, y enciéndala.

Cuando se prendan estas velas en Navidad, dedique un tiempo a leer la historia del nacimiento de Jesús en la Biblia, y ofrezca una oración a Dios, dándole gracias por ese acontecimiento, por Cristo, la luz del mundo. Los niños pueden turnarse para encender las velas y participar leyendo las Escrituras u orando.

Otra forma de resaltar la importancia de la Navidad es montar una maqueta de esa escena, comúnmente llamada "pesebre", fabricada con materiales aptos para niños. A ellos les agrada manejar las figuritas, y variar su posición de vez en cuando. Cuanto más involucrados estén en el nacimiento de Cristo, más se sentirán parte de él. El primer pesebre que tuvo nuestra nieta, era diminuto. Ella tenía unos tres años, y le gustaba llevarlo a todas partes poniéndolo primero sobre una mesa y luego sobre otra. Ese año tuvimos un momento de pánico cuando, tres días antes de Navidad, ¡no encontraba la figurita del bebé Jesús! Dimos vuelta toda la casa, ¡y al fin la encontramos entre los almohadones del sillón!

No deje de recordar a los niños que celebramos la Navidad porque es el cumpleaños de Jesús. Algunas familias hacen un pastel de cumpleaños para Jesús, para destacar el verdadero significado del día. Estas cosas contribuyen a suavizar el materialismo propio de la época.

Cuaresma y Semana Santa nos ofrecen otros momentos ricos en simbolismo cristiano. La cuaresma empieza el viernes de ceniza, cuarenta días antes de Semana Santa, sin contar los domingos. Estos cuarenta días nos ofrecen muchísimo tiempo para hablar de los símbolos de Semana Santa.

Dentro de las familias, se pueden crear muchos rituales distintos en relación con la Cuaresma y Semana Santa. En nuestra familia, a lo largo de los años, hemos observado muchos de ellos, que han enriquecido nuestra vida. Estas tradiciones significan mucho para los niños, y una vez que las introducimos en sus vidas, ¡no están dispuestos a abandonarlas!

Dos de las actividades que se convirtieron en costumbre para nuestra familia fueron preparar galletas con cruz para la mañana de Semana Santa, y un pastel para el mediodía. Las galletas con cruz se pueden hacer con cualquier masa dulce, y una vez se han enfriado un poco, se les puede dibujar una cruz con azúcar. Algunos dicen que la costumbre de preparar estas galletas es muy antigua, y proviene de un monje que las elaboró para repartirlas entre los pobres la mañana de Semana Santa. Para muchos cristianos, la costumbre sigue viva. A los niños les gusta esta actividad, que les proporciona un punto de vista más amplio del domingo de resurrección. Explique a los pequeños por qué las galletas llevan una cruz.

Durante muchos siglos, el cordero ha sido un importante símbolo cristiano. Si bien en la tradición hebrea se usaban corderos como sacrificio, según la fe cristiana Jesús se convirtió en el sacrificio, y a menudo se hace referencia a Él como "el Cordero de Dios". Algunos años atrás, hacer un pastel en forma de cordero se convirtió en una costumbre en nuestra familia, que hemos seguido desde entonces, aunque en algunas ocasiones el pastel no tenía mucho aspecto de cordero. De hecho, algunas veces los niños lo describieron como "la torta de la comadreja", pero a pesar de todo hemos seguido preparándolo. Por mucho que he intentado eludir el tema, aun cuando mis hijos ya habían crecido, si no lo ponía sobre la mesa a la hora del postre el domingo, todos preguntaban: "¿Dónde está el pastel del cordero?"

Otra costumbre que podemos iniciar en esta celebración es el de encender una vela blanca el domingo de resurrección, ya sea durante la comida del mediodía o en algún otro momento adecuado durante el día. La vela de Cristo simboliza esta luz para todos nosotros. Podemos usar este tipo de actividades en nuestro hogar o en otros lugares, para reforzar nuestra experiencia de oración con los niños. No cabe duda de que usted añadirá otras a medida que vaya ayudando al niño o niños presentes en su vida a crecer en su experiencia de la oración.

CAPÍTULO OCHO

Y un niño pequeño los guiará

GRACIAS, SEÑOR, POR ESTAR AHÍ ESPERÁNDOME CUANDO MÁS TE NECESITO. GRACIAS POR GUIARME A TRAVÉS DE LA OSCURIDAD DE ESTA VIDA, PORQUE SIN TI ESTOY CIEGA Y NO VEO NADA, A NO SER QUE ME SEÑALES EL CAMINO. Y GRACIAS POR PERMITIRME IMITARTE EN TODO LO QUE PUEDO, PORQUE TAMBIÉN QUIERO SER BUENA.

ELISABET, DOCE AÑOS.

En el libro de Isaías leemos un conocido versículo:

> Morará el lobo con el cordero, y el leopardo con el cabrito se acostará; el becerro y el león y la bestia doméstica andarán juntos, y un niño los pastoreará (Is. 11:6).

La visión de Isaías, que en realidad es la visión que tiene Dios para el mundo, es ciertamente hermosa. Sin embargo, en la práctica esta muy alejada del mundo en que vivimos. Según la descripción de Isaías, el lobo y el cordero que son enemigos naturales, vivirán juntos en paz. El leopardo y el león dejarán de ser amenazas para las criaturas más débiles de la naturaleza. Un niño pequeño será su pastor, porque toda la creación vivirá en armonía y paz.

¡Cómo esperamos esta visión del reino de Dios! Ansiamos desesperadamente dejar atrás la violencia, los crímenes tan espantosos, la falta de hogar, el abandono y maltrato de niños, la angustia, la enfermedad y el dolor. Nos gustaría mucho vivir en ese reino de paz que Isaías describe, en el que incluso el niño está a salvo, y los viejos enemigos viven en armonía unos con otros. Y sin embargo, debemos admitir que este no es el mundo en que vivimos.

Es posible que podamos aprender mucho de la visión de Isaías. El niño pequeño en medio de nosotros es un símbolo y una señal de esperanza en el reino venidero de Dios. El pequeño ser constituye una presencia escatológica, que nos ofrece una anticipación del reino venidero de Dios, en el que todos nos sentaremos juntos y en paz a la mesa del Señor, disfrutando de la fiesta y el banquete preparados para nosotros. El niño es quien nos guiará hacia esa nueva visión, ofreciéndonos un vislumbre momentáneo de la esperanza que tiene Dios para el mundo.

Muchas veces subestimamos la capacidad o la potencialidad de los niños en nuestra sociedad. Por ejemplo, cuando pensamos en ellos, solemos considerarlos aprendices, pero lo cierto es que no solo aprenden; también son maestros. Del mismo modo que les ayudamos en la oración y la vida espiritual, ellos, a su manera, son también nuestros guías y mentores espirituales. Son los que hacen descender el Espíritu de Dios sobre nosotros.

Hace poco cambié el tema central de mi ministerio. Estuve varios años trabajando en una iglesia, centrándome sobre todo en los niños. En mi nuevo trabajo, comencé a tratar con adultos. Aunque me gustaba, y sentía que estaba haciendo lo que debía, me embargaba una sensación de pérdida y tristeza. Sentía como si estuviera lamentando la pérdida de alguien. Cada día me abrumaban emociones distintas.

Al final me di cuenta cuál era el problema: ¡Echaba de menos a los niños! Durante años, enriquecieron mi vida de maneras de las que ni siquiera fui consciente. Con solo oír sus voces mientras jugaban, o ver a un chiquitín saludarme con la mano y gritar mi nombre, o sentir a otro que me abrazaba fugazmente las piernas.

No creo que haya nada que pueda sustituir esta relación rica y revitalizadora con los niños.

Al pensar en el papel que juegan los niños en nuestro viaje espiritual, podemos formularnos la pregunta: "¿De qué manera nos sirven los niños de guías espirituales?" Creo que lo hacen de diversas maneras identificables. Las criaturas, debido a su inocencia, están más cercanas que nosotros a los misterios de la vida. Pueden enseñarnos, si se lo permitimos, a vivir maravillados por todo lo que ha creado Dios. Ver la vida a través de los ojos de un niño nos produce una profunda sensación de temor reverente y de sorpresa.

Recuerdo una historia que me contó una amiga hace poco. Un hermoso día de primavera, ella y su hija pequeña fueron a dar un largo paseo por el campo. Abandonaron la carretera y pasearon por una zona de bosque y, cuando salieron de entre los árboles, descubrieron una pradera. Estaba repleta de flores silvestres, casi tan altas como la niña. Ella estaba fascinada con la hermosura del lugar, y corrió entre las flores adelantándose a su madre. Mientras la seguía, oyó a la pequeña que cantaba:

> ¡Qué hermosas las praderas,
> los árboles del bosque,
> vestidos con ropa de primavera!
> Jesús es más hermoso, y es también más puro,
> que al corazón dolido siempre alegra.[1]

La madre me contaba que fue una hermosa experiencia espiritual, donde sintió plenamente la presencia divina.

Hace algunos años, cuando nuestros hijos eran pequeños, nos mudamos al sudoeste del país. Los niños estaban muy emocionados, y pasaron los primeros días en su nuevo hogar explorando y maravillándose por las cosas estupendas que veían por primera vez. Una tarde, nuestro hijo Tim, que en aquel momento tenía tres años, estaba jugando en el patio. De repente, la puerta se abrió de par en par, y entró a la casa corriendo.

"¡Ven rápido a ver esto mami —exclamó—, la puesta de sol está por todas partes!" La verdad es que los ocasos en el sur son una verdadera maravilla, y cuando salí fuera y contemplé el cielo, me invadió una sensación de maravilla y temor de Dios. Si él no me hubiera llamado la atención al respecto, seguramente no me habría apercibido de aquella puesta de sol. Estaba demasiado ocupada desempaquetando las cajas.

Buena parte de la vida es así. Nos perdemos las cosas importantes de la naturaleza porque estamos haciendo algo tan tedioso como abrir cajas. Los niños tienen gran facilidad para reconocer esos momentos importantes, y son capaces de vivir plenamente el presente, que les inspira y maravilla, deleitándose en él con todo su ser. Los niños son receptivos a los misterios de la vida y, si se lo permitimos, nos llaman la atención sobre ellos. Y al hacerlo restauran nuestro sentido de la maravilla y el temor reverente hacia Dios.

—¿Piensas que igual creerías en Dios aunque nadie te hubiese hablado de Él? —le pregunté a Guillermo, de doce años.

—Sí, supongo que sí —me respondió—, las cosas en la naturaleza son muy hermosas y nos acercan a Dios.

Los niños también nos ayudan a aprender de nuevo lo que significa ser dependientes. Por naturaleza, los niños lo son, y no se avergüenzan de ello. Sin embargo, cuando somos adultos le concedemos un enorme valor a ser independientes y corremos ansiosamente tras esa virtud. Pero una de las grandes lecciones de la vida espiritual es que debemos aprender a depender de Dios. Y esto nos resulta difícil, porque detestamos ceder nuestra independencia.

Jesús expresó: "Todo aquel que no reciba el reino de Dios como lo hace un niño pequeño, no entrará en él". Y volver a ser como niños resulta muy complicado. Pensamos que hacerlo es dar pasos atrás. Los niños en seguida expresan sus necesidades, a menudo con insistencia y a gritos. ¿Ha escuchado alguna vez decir a un niño: "¡Ven, mamá! ¡Te necesito!"? (Suelen poner el énfasis en el "necesitooooo", alargándolo todo lo que puedan.) ¿No ha visto nunca a un niño acercarse corriendo a su padre o madre y subírsele al regazo porque necesitaba un abrazo, o sentirse protegido? Los niños son conscientes de sus necesidades, y se sienten a gusto expresándolas. Nuestra relación con Dios también debería ser así. Debemos dejar de intentar controlar nuestra vida, aprendiendo a descansar en Dios como un niño depende de los adultos importantes de su vida. Esta es la única manera en que concedemos a Dios el espacio necesario para obrar en nosotros conforme a nuestra necesidad.

Tengo un amigo que tiene una nota pegada en su computadora: "He renunciado a ser el señor del universo".

Cuando aprendemos a hacer esto, dependiendo de Dios, la vida adquiere un nuevo significado. Hay un precioso proverbio de uno de nuestros antepasados espirituales que dice: "El día de mi despertar espiritual fue aquel en que vi y supe apreciar que todas las cosas apuntaban a Dios, y que Él está en todas partes".[2] Con esta seguridad podemos, con la confianza de un niño, enfrentarnos a todo lo que nos traiga la vida. El salmista supo expresarlo bien:

> En verdad que me he comportado
> y he acallado mi alma
> Como un niño destetado de su madre;
> Como un niño destetado está mi alma.
> Espera, oh Israel, en Jehová,
> Desde ahora y para siempre (Sal. 131:2, 3).

Podemos aprender de los niños a estar calmados, a tranquilizar nuestra alma, mientras estamos en los brazos del Señor, quien nos ama y cuida con ternura.

Los niños pueden enseñarnos a confiar en Dios al ver los resultados de cualquier situación en nuestra vida. Hace algunos años, nuestra familia fue de excursión en carpa, y aunque esta actividad no me entusiasma demasiado, intenté adaptarme con buen ánimo.

En nuestra primera experiencia, fuimos ambiciosos, y viajamos a una zona con muchos bosques. Como éramos novatos, no calculamos bien el tiempo y llegamos al lugar del campamento casi de noche. Antes de comenzar a montar las tiendas, los niños quisieron explorar la zona. Mi esposo, con los dos niños, y yo con las dos niñas partimos en direcciones opuestas.

De repente, en lo profundo del bosque, fue como si alguien hubiese apagado la luz. La noche cayó sobre nosotros de inmediato. Jamás había experimentado una oscuridad tan profunda. Para empeorar las cosas, se desató una tormenta eléctrica, y veíamos relámpagos por todas partes. Justo delante de nosotros vislumbré un pequeño cobertizo, al que nos acercamos corriendo, agradecidos por aquel refugio, por escaso que fuera.

El lugar tenía un techo de chapas, y el estruendo de la lluvia, unido al de los truenos y a los destellos de los relámpagos que nos rodeaban, daba verdadero miedo. Intenté aparentar toda la calma posible, ¡pero estaba aterrorizada! Mientras el ruido y la lluvia persistían, nuestra hija mayor, me tiró de la manga.

—Tranquila, mamá —sostuvo con su vocecita confiada—. Papá vendrá a buscarnos pronto.

—Bueno, cariño... Papá no sabe dónde estamos —le respondí para no darle falsas esperanzas.

—Da igual —aseveró convencida—. Papá nos encontrará.

Al cabo de no mucho tiempo, vi que la vacilante luz de una linterna se acercaba a nosotros por entre los árboles. Cindy también la vio, y volvió su carita hacia mí.

—"¿Lo ves? —expresó triunfante—. Te dije que papá vendría. Te lo dije".

Y era cierto, él buscó nuestros impermeables y paraguas y vino a buscarnos.

Cuando nos rodeó con sus brazos y nos devolvió a la seguridad del campamento, yo sonreí por dentro. La confianza de mi hija era inconmovible.

Esta es la seguridad de los niños e, incluso en las circunstancias duras de esta vida, conservan esa misma fe en Dios. Creen que Él es capaz de hacer todo lo que dice que puede hacer.

Al entrevistar a los niños, cuando les preguntaba sobre qué oraban, siempre mencionaban que lo hacían cuando tenían un problema o algo les preocupaba. Me dijeron que oraban sobre todo por sus familias, y en especial por sus madres y padres. Luisa, de ocho años, me contó que siempre oraba a Dios para "que cuide de mi mamá y mi papá". Antonia, también de ocho años, respondió, con un emotivo comentario: "Oro pidiendo a Dios que ayude a las personas huérfanas, que no tienen un hogar". Tomás, de siete años, relató que siempre oraba cuando estaba asustado, pidiendo a Dios que cuidara de él.

En toda situación, los niños afirmaron que creían que Dios había satisfecho su necesidad, cualquiera fuera.

Mi hija Suzanne es ministro en una iglesia local. En un cargo anterior, cuando llegaba el momento de la oración intercesora, pedía a la congregación que mencionaran a los miembros que necesitaban que se orara por ellos. Ningún adulto decía nada ni mencionaba a nadie. Sin embargo, domingo tras domingo, invariablemente, un niño de cinco años levantaba la mano y, con una voz clara y confiada, pedía orar por alguien que estaba enfermo o tenía algún problema. Un domingo, levantó la mano y pidió que oraran por la familia de un personaje de la televisión porque él había muerto. Para este niño, nada escapaba a los fuertes brazos de Dios. Ellos son nuestros guías en el área de la confianza y la creencia de que las oraciones reciben respuesta, pueden ofrecernos su orientación para honrar todo lo santo que hay en nuestra vida. Con demasiada frecuencia, para los adultos, las cosas santas se han convertido en lugares comunes. Pensamos que lo hemos visto y hecho todo, de modo que los momentos importantes de nuestra relación con lo sagrado se nos pasan por alto. Nuestros ojos ya no aprecian con profundidad las cosas del Espíritu.

Un ministro cuenta la historia de una niña que acudió al culto de adoración con su tía. Cuando llegó el momento de la Cena del Señor, aquella criatura escuchó atentamente mientras el pastor decía:

"Este es el pan de vida ofrecido para ustedes".

"Tía, ¿has oído? ¡Ese pan es para mí!" –expresó la niña.

"Esta es la copa de la salvación –continuó el pastor–, ofrecida para ustedes para el perdón de los pecados".

"¿Lo oíste, tía? La copa también es para mí" –comentó nuevamente, con una voz que pudo oír todo el mundo.
"Por favor, acudan a la mesa. Todo está dispuesto" –anunció el ministro.
"¡Mira, tía! La mesa está lista" –insistió aún más emocionada.
"La mesa es para todos. Por favor, vengan, pues está dispuesta para ustedes" –continuó el ministro.
"¡Oh, tía! ¡Fíjate! ¡La mesa está preparada para mí!" –exclamó la pequeña.
Alegremente, se acercó a la mesa, casi sin creer que fue invitada.³

Cuando nos acercamos a la mesa de la Cena del Señor, ¿lo hacemos reconociendo su carácter sagrado, admitiendo que Dios ha preparado algo especial para nosotros? A menudo estamos tan distraídos que ni nos damos cuenta y los niños vuelven a llamar nuestra atención, ayudándonos a ser conscientes del precioso momento.

Los pequeños también nos ayudan como guías y tutores en nuestra vida espiritual al recordarnos que debemos ser espontáneos en nuestra expresión de la alegría. Ellos se sienten atraídos por cualquier cosa, y ven la mano de Dios que obra en las cosas cotidianas de la vida. A veces, como adultos nos quedamos atascados en lo ordinario. Nos sobrecargamos de preocupaciones, tareas y prioridades confundidas. Los chicos saltan todo esto y son capaces de responder espontáneamente a lo que les exija el momento.

Una vez, cuando mi hija estaba pronunciando la bendición, después del culto dominical en su iglesia, sus ojos se centraron en una niña. Hacía poco que sus padres pertenecían a la iglesia, y a la niña le emocionaba mucho venir cada domingo. Sus padres luego le confesaron que procuraban asistir cada semana, porque si no lo hacían, ella se enfadaba.

Cuando Suzanne comenzó a orar, se dio cuenta de que la niña se bajaba de su banco y caminaba por el pasillo. Allí se quedó, balanceándose adelante y atrás durante la oración. Cuando concluyó y comenzó a sonar el posludio musical alzó los brazos por encima de la cabeza y empezó a girar ritmo de la música. Cuando dejó de sonar, hizo una pequeña reverencia y volvió al banco.

Para los niños, lo ordinario, lo cotidiano, se convierte en la frontera de la gloria. Para ellos, cada instante tiene la potencialidad de sentirse sorprendidos por la alegría. ¡Cómo necesitamos ser más espontáneos en nuestras expresiones de alegría y acción de gracias a Dios! También necesitamos deleitarnos en todas las cosas, y ver a Dios en todas partes, incluso en las cosas comunes de la vida.

Los niños traen al Espíritu de Dios en medio de nosotros. Juan Wesley declaró que existen diversos medios conocidos de la gracia, es decir, que existen maneras específicas en las que Dios se acerca a nosotros. Algunos ejemplos son la oración, el ayuno y la lectura de la Biblia. Por medio de estos canales recibimos la presencia y gracia divinas. Me parece que los niños también lo son porque el Espíritu de Dios se nos revela a través de ellos.

Los que entrevisté tenían una relación misteriosa con Dios, y eran muy abiertos a la hora de hablar de ella. Cuando acababa la entrevista con Rosa, de siete años, le pregunté si había algo más que quisiera decir acerca de Dios, algo que no le hubiera preguntado.

—Sí que lo hay —respondió—. ¿Sabe? Se me ha ocurrido una cosa.

—¿Qué es, Rosa?

—Bueno, se me ha ocurrido que todos somos adoptados. Todos los padres de este mundo han adoptado a todos sus hijos.

—¿Cómo es que piensas eso?

—Bueno, primero somos hijos de Dios, y luego cuando venimos a vivir con nuestros padres, ellos nos adoptan porque primero pertenecimos a Dios, que es nuestro verdadero Padre.

—Ese es un pensamiento interesante, —le contesté.

¡Vaya! —pensé. *¡Qué idea más perspicaz!*

Cuando vemos que los niños infiltran en nuestras filas al Espíritu de Dios, de tantas maneras, nos preguntamos de dónde provienen esos conceptos tan profundos. Y sin embargo, si pensamos en la espiritualidad del niño, sabemos de dónde provienen. Existe una relación misteriosa y asombrosa entre el niño y Dios.

Una anécdota que escuché hace poco ilustra muy bien cómo los niños consiguen acercarnos al Espíritu de Dios. Este episodio tuvo lugar durante la celebración de los juegos olímpicos infantiles para incapacitados. Los niños estaban colocados en la línea de salida, para una carrera; algunos llevaban prótesis en las piernas, otros tenían otro tipo de disfunción. Estaban ansiosos por comenzar. Cuando sonó la señal de salida, comenzaron a correr, como podían, hacia la meta. Pronto uno de los niños se adelantó al resto, era evidente que iba a ganar porque les llevaba mucha ventaja. Pero de repente, se detuvo y miró a su alrededor. Entonces vio que uno de los participantes se había caído. Sin pensar en su propia victoria, volvió atrás y ayudó al niño a ponerse de pie. Rodeándole con un brazo, ambos avanzaron penosamente hacia la meta. Cuando los demás participantes vieron lo sucedido, también se detuvieron y retrocedieron, y con los brazos enlazados, avanzaron juntos hacia la línea de meta. No cabe duda de que esto ilustra claramente lo que puede hacer en nosotros el Espíritu de Dios.[4]

Por último, los niños nos dan esperanza en medio de las situaciones de la vida. Woody Allen hizo una vez el siguiente comentario: "Más que en cualquier otro momento de la historia, nos encontramos en un cruce de caminos. Un camino conduce al desespero y a la completa falta de esperanza. El otro, a la extinción total. Oremos para tener la sabiduría para elegir correctamente".[5]

Nos reímos de este comentario, porque entendemos que fue una broma de un tipo gracioso. Sin embargo, lamentablemente, hay quien sostiene este punto de vista pesimista sobre nuestra situación personal, nacional y universal. Algunas personas han perdido la esperanza, y viven en un constante estado de desespero. Cuando vemos a un niño, lleno de alegría, risas, energía y optimismo, en nosotros renace la esperanza, porque un niño es el símbolo del reino de Dios.

Hace algunos años, vi una tira cómica sobre un hombre y una mujer con sus pijamas, tomando café en la mesa de la cocina. Sus rostros tenían una expresión agobiada y era evidente que tenían los ánimos por el piso. En la figura no había colores, estaba en blanco y negro. En el siguiente recuadro, entraba en la cocina su hijo pequeño, también con su pijama (con botitas incorporadas) y arrastrando una sábana. Este dibujo contrastaba con el anterior porque era en color. La luz del sol entraba por la ventana y los padres sonreían. El niño había sido el catalizador que provocó el cambio, y toda la situación adquirió una nueva dimensión.

Hace unos cuantos años, en Navidad, me retrasé con los preparativos navideños. Por mucho que intentaba mantenerlo todo en la perspectiva correcta, me empecé a sentir mal. Era la semana de Navidad y aún no había comprado el regalo para alguien muy especial.

Al final, desesperada, dejé los preparativos de la casa y me fui al centro comercial. Estaba repleto de compradores... muchísimos. Era evidente que no era la única que tenía que comprar regalos en el último momento.

Cuando empecé a abrirme camino, las personas chocaban unas con otras, cargadas de paquetes, gruñéndose mutuamente y corriendo de aquí para allá. De repente, vi que venía hacia mí una madre joven con una niña en su cochecito. Mientras se acercaban oí que la niñita iba cantando, suavemente al principio, pero luego mientras bajaba por el pasillo, cada vez más fuerte. Sus palabras me resultaban familiares; era el himno: "Venid, fieles todos". Seguía cantando cada vez más fuerte. Y fue como si hubiera sucedido un milagro; la gente se detenía con una sonrisa en sus rostros para contemplar a la pequeña. Luego se sonrieron unos a otros y, cuando volvieron a ponerse en marcha, sus rostros tenían otra expresión. Caminaban con más ligereza, con los hombros menos tensos, sin correr tanto como antes. La niña nos había cambiado el día. Aquella pequeña inocente nos produjo un sentimiento de alegría y esperanza. Es cierto que los chicos son nuestros guías y tutores espirituales. Evelyn Underhill dice que: "Solamente las personas humildes, los que tienen la actitud de un niño frente a Dios, las que han sido receptivas y se han entrenado en la humildad, son las adecuadas para enseñar o mostrar a los demás la verdad acerca de Dios".[7] Por este motivo, debemos prestar atención a las palabras de los niños, siguiendo su ejemplo, imitando su fe y confianza, mirando al futuro con esperanza. Como manifestó Jesús:

De cierto os digo, que el que no reciba el reino de Dios como un niño, no entrará en él (Mr. 10:15).

Cuando hacemos esto, se pone a nuestro alcance la pacífica visión que tuvo Isaías, la visión de Dios, porque entonces existe la posibilidad de que sea un niño pequeño el que nos sirva de guía.

CAPÍTULO NUEVE

Una guía para los padres y otras personas que aman a los niños

SEÑOR:
GRACIAS POR DEJAR QUE LLUEVA SOBRE TODAS LAS FLORES.
TE PIDO QUE ME PERDONES POR LAS COSAS MALAS QUE HAGO.
POR FAVOR, AYUDA A LA GENTE QUE ESTÁ ENFERMA Y A LOS QUE NO TIENEN PARA COMER.

ROSA, OCHO AÑOS.

Otro título factible para este capítulo sería: "Pautas útiles para adultos que comienzan a tomar en serio su vida de oración, mientras que al mismo tiempo ayudan a niños a aprender a orar".

En las siguientes páginas, deseo ofrecer brevemente algunos ejemplos y técnicas para su vida de oración, así como para animar a todos los que están enseñando a orar a sus hijos.

Quizá esté comenzando su propia vida oracional y no se sienta en posición de enseñar a un niño. O quizá ya tiene una vida de oración, pero no sabe si será capaz de ayudar a un niño o niña con la suya. ¡No se intimide! Esta responsabilidad no es tan gigantesca como piensa. Como he dicho, y seguiré manifestando, el Espíritu Santo es el verdadero maestro y guía; usted es simplemente el que prepara el camino para su actuación.

Cuando esté orando con niños, recuerde que no debe usar pensamientos muy elevados o largas palabras, sino oraciones sencillas con palabras que los niños entiendan. Esto es todo lo que necesita. Empiece con oraciones de acción de gracias y poco a poco descubrirá que juntos pueden ir pasando a otros tipos de oración.

Si el infante comienza a plantearse algunas de las preguntas profundas y difíciles de esta vida, como suele pasar, no tenga miedo en decirle que no conoce las respuestas. A menudo, las preguntas más trascendentes de la vida no tienen respuesta, y es completamente correcto decírselo. Puede decirle: "No sé la respuesta a esa pregunta, pero podemos intentar hallarla juntos". Una buena parte de la vida es un misterio y este es un hecho que los niños en seguida descubren y entienden.

John Westerhoff declaró: "Lo que realmente nos piden nuestros niños es que les mostremos nuestra fe, no que les ofrezcamos respuestas dogmáticas. No tenemos que responder necesariamente sus preguntas, pero sí hacerles accesible nuestra fe, como fuente de su aprendizaje y crecimiento".[1]

Cuando los niños le vean orar, y observen su fe, la de ellos también se fortalecerá. Lo primero que debemos considerar en nuestra posición de padres ocupados, abuelos u otros adultos importantes en la vida de un niño, es que nuestra vida debe estar centrada en Dios. Si queremos transmitirles con éxito nuestra fe y creencia en el poder de la oración, debemos crecer en esas áreas. Y para poder crecer, debemos mantener una vida constantemente centrada en Dios.

Hay que plantearse qué es lo que nos mantiene firmes cuando nos asaltan las pruebas, problemas, tensiones y presiones de la vida. ¿Tenemos como eje central la posibilidad de entrar en la presencia y poder de Dios?

Mi hija mayor es ceramista. Fabrica hermosos jarrones, tazones y vasos de barro. Nunca dejo de asombrarme por las cosas que hace. Es verdaderamente sorprendente verla tomar un montón de arcilla, ponerla en el torno de alfarero, centrarla y darle forma hasta que se convierte en una obra de arte.

Ella me dice que, si el barro se mueve del centro del torno mientras está haciendo una vasija, debe volver a centrarla cuidadosamente. Si la masa de barro está aunque sea a una pequeña fracción del centro, le es imposible crear el objeto que desea. Y si el tazón o el jarrón que está haciendo pierde su forma y no sale bien, vuelve a amasarlo y comienza de nuevo. Sin embargo, cuando la masa está centrada y moldeada por las habilidosas manos de un artista, el resultado son unas creaciones maravillosas.

En el libro de Jeremías leemos lo siguiente:

> Palabra de Jehová que vino a Jeremías, diciendo:
> Levántate y vete a casa del alfarero, y allí te haré oír mis palabras.
> Y descendí a casa del alfarero, y he aquí que él trabajaba sobre la rueda. Y la vasija de barro que él hacía se echó a perder en su mano; y volvió y la hizo otra vasija, según le pareció mejor hacerla.
> Entonces vino a mí palabra de Jehová, diciendo:
> ¿No podré hacer yo de vosotros como este alfarero, oh casa de Israel? dice Jehová. He aquí que como el barro en la mano del alfarero, así sois vosotros en mi mano, oh casa de Israel (Jer. 18:1-6).

Si podemos mantenernos centrados en el amor de Dios, la vida adquiere un significado totalmente distinto. Sin embargo, si nos permitimos la más mínima desviación, nuestra vida se distorsiona, pierde su forma. Cuando esto sucede, necesitamos las manos de Dios para que nos guíen al centro y nos den nueva forma si fuera necesario.

Hay diversas maneras para mantenernos centrados. Podemos usar una oración breve ("de un suspiro") o el padrenuestro para mantener el rumbo (ver capítulo 6 para más detalles). También podemos usar diversas señales a lo largo del día que nos reclamen a la presencia de Dios. Si estamos en casa y tenemos un reloj que dé campanadas, podemos usar ese sonido como recordatorio de que debemos estar centrados en Dios. Otra forma sería cada vez que miremos nuestro reloj, volver nuestro corazón a Dios.

Otros recordatorios de que debemos orar pueden ser cuando el teléfono suena, o cuando vamos conduciendo y vemos una ambulancia, etc.

Frank Laubach ha dicho que durante el día siempre disponemos de "resquicios de tiempo" entre las cosas que debemos hacer.[2] Podemos usar esos instantes para orar.

Si estamos trabajando con una computadora, o limpiando la casa, cocinando o trabajando fuera del hogar, podemos pegar notitas con versículos bíblicos u otros comentarios en lugares estratégicos. Cuando las veamos, seremos llamados de vuelta al centro de nuestra vida. Hemos de cambiar frecuentemente los lugares donde peguemos las notas, porque al cabo de un tiempo nos acostumbramos a verlas y dejan de tener importancia para nosotros. Busque algún espacio para usted y Dios, esté donde esté, sea cual fuere su circunstancia.

He descubierto que me resulta muy útil disponer de un lugar específico para disfrutar de un tiempo de oración más largo. Es maravilloso elevar plegarias frecuentes usando oraciones breves, pero todos necesitamos un lugar específico para orar. Este lugar se convertirá en sagrado si lo usamos con asiduidad. También el hecho de disponer de un tiempo más prolongado es beneficioso, porque nos ayuda a desarrollar la disciplina de la oración en nuestra vida. Cuando entremos en nuestro espacio, podríamos encender en él una vela, como señal de que empezamos a orar.

Una disciplina fortalecedora es la de orar usando versículos breves de las Escrituras o palabras de alabanza cada vez que empieza el día. Por ejemplo, antes de salir de la cama, decir una parte de una doxología, como: "Bendigamos a Dios de quien proviene toda bendición". Mientras toma una ducha, use regularmente otro versículo como, por ejemplo:

Bendeciré a Jehová en todo tiempo; su alabanza estará de continuo en mi boca (Sal. 34:1).

Mientras se viste, use otra frase del estilo:

Las misericordias de Jehová cantaré perpetuamente; de generación en generación haré notoria tu fidelidad con mi boca (Sal. 89:1).

Estas palabras de alabanza y reafirmación son las que determinan el tono de cada día y le colocan a usted y a los que ama en la presencia de Dios. Se puede usar este mismo proceso por las noches, al acostarse.

Hoy en día, dentro de la familia existen numerosas crisis: Enfermedades críticas, problemas de los niños en la escuela, conflictos que no parecen tener solución, presiones relacionadas con el trabajo y fragmentación del círculo familiar. Durante tales episodios, he descubierto que usar un "versículo ancla" me ofrece el apoyo que necesito. Cuando voy leyendo las Escrituras, intento hacerlo de una manera formativa. Es decir, no leo para recoger información, sino que intento discernir lo que Dios me dice personalmente a través del pasaje que estoy leyendo. Elegir unos cuantos versículos breves es mejor que intentar cubrir un pasaje demasiado largo. Lea los versículos lenta y reflexivamente. A algunas personas les resulta útil leerlos en voz alta.

Debe insistir en el pasaje elegido durante un período de tiempo dilatado, viviendo con las palabras, meditando en ellas, dejando que se filtren en su subconsciente.

Si leemos de esta manera formativa, a menudo descubriremos algo nuevo y refrescante en una frase o versículo, que seguramente ya leímos antes, pero como si lo leyésemos por primera vez. El pasaje se reavivará, hablándonos directamente. El texto que consiga esto podrá convertirse, entonces, en un versículo ancla para nosotros, haciéndonos estar firmes en medio de las tormentas de la vida. Me gusta escribir el pasaje elegido en una tarjeta, llevándola conmigo cuando salgo, o poniéndola en una ventana o en un espejo si estoy en casa. Entonces puedo leerla muchas veces cada día, y en poco tiempo, el versículo o versículos quedan grabados en mi memoria y se convierten en parte de mí. Creo que esos pasajes bíblicos son dones que Dios nos concede y que son capaces de fortalecernos y guiarnos en nuestra vida cotidiana.

Durante una época en que dos de nuestros hijos se estaban recuperando de enfermedades largas, usamos los siguientes pasajes:

> Por tanto, no desmayamos; antes aunque este nuestro hombre exterior se va desgastando, el interior no obstante se renueva de día en día. Porque esta leve tribulación momentánea produce en nosotros un cada vez más excelente y eterno peso de gloria; no mirando nosotros las cosas que se ven, sino las que no se ven; pues las cosas que se ven son temporales, pero las que no se ven son eternas (2 Co. 4:16-18).

Cuando mi esposo estaba atravesando un tiempo de dificultades luego de una intervención quirúrgica:

> Ten misericordia de mí, oh Dios, ten misericordia de mí; porque en ti ha confiado mi alma, y en la sombra de tus alas me ampararé hasta que pasen los quebrantos (Sal. 57:1, 2).

Durante un momento complicado de mi vida, en el que me sentía sobrecargada y me preguntaba si Dios me había olvidado, oraba el Salmo 103. Alabar a un Dios bueno, aun cuando las situaciones de nuestra vida no sean buenas, origina una auténtica transformación de nuestra actitud:

> Bendice, alma mía, a Jehová,
> Y bendiga todo mi ser su santo nombre.
> Bendice, alma mía, a Jehová,
> Y no olvides ninguno de sus beneficios.
> Él es quien perdona todas tus iniquidades,
> el que sana todas tus dolencias;
> el que rescata del hoyo tu vida,
> el que te corona de favores y misericordia;

el que sacia de bien tu boca
de modo que te rejuvenezcas como el águila.

Cuando leemos según el método formativo, abriéndonos a los versículos de la Biblia que hablan a nuestras necesidades, nos sorprenderá cómo un pasaje adecuado y repleto de significado atrae nuestra atención.

La disciplina de llevar un diario también puede potenciar nuestra vida oracional. Los que he escrito a lo largo de los años me han servido para mantenerme centrada en la presencia de Dios. Cuando escribo en un cuaderno, mis palabras se convierten en una conversación entre Dios y yo. Recuerde que escribir este registro de oración no es lo mismo que escribir un diario normal y corriente, porque en el segundo uno relata lo que le ha sucedido durante el día y en uno de oración, reflexionamos sobre la vida a la luz de la presencia de Dios. Algunas de las preguntas sobre las que podemos meditar mientras escribimos son: "¿En qué lugares he experimentado hoy su presencia? ¿Qué me muestra Dios con este suceso? ¿Qué me llama Dios a hacer en esta situación?" Al leer mis antiguos escritos, me sorprendo constantemente al ver cómo la mano de Dios me ha conducido y protegido a lo largo de los años. Creo que usted descubrirá que esta disciplina es muy útil para su peregrinaje espiritual.

Hay momentos en nuestra vida de oración en que sentimos que no llegamos a ninguna parte, que nuestras oraciones han caducado. En momentos como esos, debemos recordar este pasaje:

> Y de igual manera el Espíritu nos ayuda en nuestra debilidad; pues qué hemos de pedir como conviene, no lo sabemos, pero el Espíritu mismo intercede por nosotros con gemidos indecibles. Mas el que escudriña los corazones sabe cuál es la intención del Espíritu, porque conforme a la voluntad de Dios intercede por los santos (Ro. 8:26, 27).

Cuando nos parece que no sabemos cómo orar, o que nuestra fe está débil, allí está el Espíritu, intercediendo por nosotros. Durante esos momentos de sequía, he descubierto que usar las oraciones de otras personas es de gran bendición. Haga un recuento de las oraciones de algunos de los grandes de Dios. Esta práctica nos sostiene y nutre hasta que nuestras oraciones vuelven a fluir.

Por tanto, estas son algunas pautas personales que usted puede seguir.

FORMAS DE ORAR POR NUESTROS HIJOS

¡Qué gran legado es para nuestros hijos saber que estamos orando por ellos! Cuando tenemos dudas acerca de esto, podemos examinar algunos poderosos ejemplos del pasado y seguro que los resultados hablarán por sí mismos.

Durante muchos años, siendo un joven, San Agustín rechazó a Dios y vivió en borrachera e inmoralidad constantes. Sin embargo Mónica, su madre, jamás le abandonó ni dejó de orar por él. También pidió a otros que orasen. Y a la edad de treinta y un años Agustín se convirtió al cristianismo y con el tiempo llegó a ser uno de los obispos de la iglesia.

Catherine Booth era la esposa del general William Booth, del Ejército de Salvación. Antes de que nacieran sus hijos, prometió a Dios que se los dedicaría. Siguió orando fervientemente por ellos a lo largo de sus vidas, transmitiéndoles un enorme legado de oración. Como resultado, ellos han servido fielmente en el Ejército de Salvación durante años.

Ser capaces de orar con y por nuestros hijos es uno de los mayores dones que podemos darles y creo que ello les concede una sensación de arraigo en sus vidas. Esto es algo que necesitan desesperadamente si quieren encontrar la seguridad y la adecuación en ellas.

Orar por los seres amados y por los amigos, hablar sobre nuestra fe, presentar al niño en oración delante de Dios, es lo que le ofrece una sensación de relación con los demás y con Dios. A veces, nuestra fidelidad en el campo de la oración puede afirmarlos hasta que su fe haya tenido tiempo de desarrollar raíces profundas.

No hay tablas ni escalas para medir cómo afectan nuestras oraciones a nuestros hijos, pero no cabe duda de que en la oración persistente con y por ellos hay poder. Dado que tantas personas, a lo largo de los siglos han dado fe de este hecho, podemos estar seguros de que vale la pena el esfuerzo.

Existen maneras específicas que he descubierto de orar por y con niños. Hay una a la que denomino: "La oración para arroparse". Cuando mis hijos estaban creciendo, escribía una oración breve y sencilla en una tarjeta. Entonces, a la hora de acostarlos orábamos juntos usando la tarjeta, y luego yo la metía debajo de la almohada. Esto parecía darles una sensación de seguridad y bienestar. Una vez, uno de nuestros hijos decoró la tarjeta con hermosas ilustraciones en color. Todavía conservo algunas de ellas, bien guardadas.

Otra técnica del mismo estilo es: "La oración de bolsillo". En una tarjeta (¡parece que la industria de las tarjetas se mantiene gracias a mí!) u otro trozo de papel pequeño, escriba oraciones breves, o versículos bíblicos, o palabras de ánimo. Deje la tarjeta donde el chico pueda encontrarla, quizá en su bolsillo, en la bolsa con el almuerzo, o en el bolso de los libros. Se sorprenderá al verla y le gustará saber que están orando por él.

Orar en secreto por los niños los fortalece tanto a ellos como al adulto. A menudo, cuando mis hijos se iban a la escuela, me arrodillaba junto a sus camas, recordándoselos a Dios en oración. Hay algo especial en ponerse de rodillas para orar. Ciertamente, no tenemos por qué estar en esa postura cada vez que oremos, pero cuando la oración es urgente, y es por nuestro hijo, el hecho de estar arrodillados, de alguna manera nos acerca más a Dios.

Si la criatura tiene un problema, esta es una manera especialmente adecuada de orar por él, e incluso en su habitación, porque uno se siente más cerca del pequeño si está en su cuarto. Cuando me arrodillaba junto a la cama de alguno de mis hijos, me venía a la mente su imagen en la presencia de Dios. Veía la luz y el amor de Dios rodeándolo, y me imaginaba a Jesús reclamando: "Dejen que los niños se acerquen a mí". Este tipo de oración debe usarse a menudo, y durante períodos de tiempo largos. Debemos empapar al niño en el amor y la luz divinas.

Cuando oro así, intento no recalcar lo negativo, sea cual fuere el problema, sino más bien imaginarlo disfrutando de bienestar, feliz en todos los aspectos. A veces, como padres, nos centramos demasiado en lo negativo, o en el problema, en vez de hacerlo en los resultados positivos que pedimos en oración. Cuando nos concentramos en lo negativo, estos sentimientos se infiltran en nuestro subconsciente, haciendo que nos sintamos agobiados. Sin embargo, cuando nos centramos en las cualidades positivas, liberamos energías tanto en nosotros como en nuestros hijos.

Sabemos por experiencia que las oraciones por nuestros hijos no siempre reciben una respuesta inmediata. Pero no debemos dejar de lado orar por ellos. Una de las enseñanzas más valiosas de Jesús acerca de la oración fue que debemos persistir en ella. Debemos seguir orando, esperando en el Señor, quien responderá cuando y como quiera. En estos días, donde prima la gratificación instantánea, queremos tener respuesta inmediata a nuestras oraciones. Pero los caminos de Dios no son nuestros caminos, y por consiguiente algunas veces debemos aprender a esperar, confiando en la sabiduría y poder de Dios. Esto no le resulta fácil a ninguno de nosotros.

El salmista habla de esperar en el Señor:

> Nuestra alma espera a Jehová; nuestra ayuda y nuestro escudo es él (Sal. 33:20).

Orar recitando las Escrituras es otra forma muy útil de orar por nuestros hijos, independientemente de su edad. Para poder orar así, debemos leer la Palabra meditando en ella, receptivos a la guía del Espíritu Santo. A medida que lee, aísle determinados versículos del pasaje que cree que reflejan una situación en la vida del chico por el que ora. Quizá en esos momentos está disfrutando de un gozo en su vida por el que usted desea dar gracias a Dios. Quizá tenga alguna gran necesidad que le supone un enorme problema, y por la que siente la urgencia de orar.

Una vez haya identificado ese pasaje, permita que las palabras de las Escrituras penetren en su ser interior mientras las lee. Y cuando descubra un pasaje que le dice algo muy relevante, señálelo y comience a orar usándolo muchas veces al día. Imagine el amor de Dios y su luz que rodean al niño. Me gusta poner el nombre del niño y la fecha junto al versículo o pasaje de mi Biblia, de modo que se convierta en un espacio con un nombre, un punto de relación entre el niño y Dios.

A veces puede sentirse motivado a leer el versículo con el niño, para que puedan orar juntos; otras veces preferirá guardarlo como algo entre usted y Dios. He descubierto que con frecuencia espero algún tiempo, incluso años, antes de mostrarle el versículo. En mi caso, este tipo de oración ha resultado ser fortalecedora tanto para mí como para el niño o niña por el que oraba.

Por supuesto, hay otros muchos sistemas de orar por nuestros hijos, pero estos son algunos de los que me han resultado útiles.

RECURSOS QUE NOS AYUDAN EN NUESTRO PEREGRINAR POR LA ORACIÓN

Podemos fortalecer nuestra vida de oración leyendo algunos de los excelentes libros que tenemos disponibles sobre el tema. En realidad, hace falta toda una vida para aprender a orar como debiéramos, e incluso cuando ya eran ancianos, algunos hombres y mujeres grandemente utilizados por Dios confesaron que solo eran principiantes en la vida espiritual. Leer lo que otros dicen acerca de la oración puede resultar útil; sin embargo, no hay nada que pueda sustituir a la oración en sí misma. Es parecido a nadar o montar en bicicleta. Uno puede pasarse años leyendo sobre el tema, pero a menos que se meta en el agua o se suba a la bicicleta, no aprenderá a nadar ni a guardar el equilibrio.

Me gustaría hacer una advertencia sobre los libros de oraciones o los que hablan de las oraciones infantiles. Es aplicable a cualquier escrito, pero sobre todo a los que tienen que ver con Dios o con la oración, que compramos para que los lean nuestros hijos. Primero deberíamos leerlo nosotros, formulándonos las siguientes preguntas: ¿Hay algo en él que sea contrario a las enseñanzas de la Biblia? ¿Refleja la imagen de Dios que queremos que tengan nuestros hijos? ¿Manifiesta alguna tendencia que no sea compatible con nuestras creencias? ¿Parece sólido desde el punto de vista teológico? Estas preguntas también debemos aplicarlas a las ilustraciones, porque ellas producen una impresión indeleble sobre el niño. Hay tantos libros disponibles, provenientes de variadas fuentes, que debemos usar la sabiduría para optar por uno, examinando cuidadosamente las ideas y la forma de exponerlas. Un ejemplo que plantea cierta inquietud es esa oración que conocemos como: "Ahora que me acuesto". Se ha usado con niños durante muchos años. Sin embargo, la frase: "Si muero antes de despertar, Señor, toma mi alma", suele ser problemática para los niños. Les origina preguntas como: "¿Voy a morir esta noche?" "¿Me va a llevar Dios?" Algunas de las versiones más modernas de esta oración han cambiado la frase citada por: "Tu amor me guarde durante la noche, y me despierte cuando llegue el alba". Creo que esta forma de decirlo resulta más adecuada para los niños.

LA ORACIÓN COMO ESTILO DE VIDA

Me gustaría ofrecer un último pensamiento sobre los niños y la oración. Ayúdelos a entender que esos momentos son importantes y que constituyen una parte vital o natural de sus existencias. Debemos entretejer la oración en sus vidas, de tal manera que se convierta en parte integral de su todo. Una canción que ilustra este punto es: "Enséñame a orar y enséñame a vivir. Que sean la misma cosa, para gloria de tu nombre".[3] Tal y como ilustran las palabras de esta canción, para nosotros la oración puede ser un estilo de vida.

Debemos ser ejemplos para la vida oracional de nuestros hijos, no solo en nuestros momentos íntimos de oración, sino cuando actuamos con misericordia y amabilidad. Porque nuestra oración nos modela. Recordando siempre el mandamiento de Jesús de dar de comer al hambriento, visitar a los enfermos y a los que están en la cárcel y compartir lo que tenemos con los menos afortunados. Frank Laubach expresó: "La oración y la acción deben ir juntas".[4]

Cuando sea posible, los niños deben estar incluidos en estas experiencias, pero no forzados a participar. Recuerdo un incidente en nuestra familia. Sin permitir que los niños tomaran parte en la toma de decisiones, con mi esposo decidimos que una noche a la semana solo cenaríamos sopa y galletas, y donaríamos el dinero que nos ahorrásemos a alguna causa digna. ¡El proyecto fue un fracaso! Todos se quejaron mucho y debimos abandonarlo, pero aprendimos una valiosa lección.

Sin embargo, por lo general las acciones altruistas y los proyectos de servicio se pueden presentar de tal manera que los niños estén ansiosos por ayudar. Les agrada hacer galletas para alguien enfermo, o recoger flores. Estas experiencias refuerzan en el niño los preciosos valores de la amabilidad y la bondad. Al participar en ellos, los chicos empiezan a darse cuenta de que pueden ayudar a que Dios responda la oración de otra persona.

Hacer cosas buenas juntos, como las que he mencionado, también hará que la familia esté más unida. Los estudios sobre adolescentes han demostrado que la unidad familiar fortalece a los niños, proporcionándoles una resistencia interna a las toxinas de la vida, e indican que los infantes pertenecientes a familias unidas tienen más probabilidades de rechazar todo tipo de conducta antisocial, así como de desarrollar rasgos positivos, tales como adoptar elevadas normas morales, hacer y conservar amigos, abrazar una fe religiosa e involucrarse en la ayuda a los demás.[5]

Dedicar un tiempo a la oración es una poderosa manera de crear unión en la familia. Como padres, abuelos u otras personas amadas por los niños, nuestros momentos de oración, coherentes e individuales, son también cruciales para nuestra misión de llevar al niño a una vida de oración. El peregrinaje por ese mundo es algo que tenemos en común con nuestros hijos, y para poder ofrecerles una guía, debemos crecer en nuestra vida oracional.

CONCLUSIÓN

John Wesley declaró que debemos apartar momentos del día para nuestras devociones privadas, lo que al principio puede parecernos difícil, con el tiempo se convertirá en algo que desearemos hacer. Wesley nos exhortaba a conceder a nuestra alma tiempo y espacio para crecer.[6]

Comience ahora mismo a enseñarles a los niños no solo acerca de la oración, sino a orar de forma práctica. Nunca es demasiado pronto para comenzar, ni demasiado tarde, sin importar la edad que tenga el niño. A medida que avancen juntos por esta aventura espiritual, aprenderán muchas valiosas lecciones de fe los unos de los otros.

Siguiendo la tradición judeocristiana, somos personas que se han tomado muy en serio el mandamiento de hablar de Dios a nuestros hijos. Comenzando hace miles de años con Moisés, cuando Dios sacó al pueblo de Israel de la esclavitud de Egipto y los llevó a la Tierra Prometida, el mandamiento es claro. Los israelitas debían transmitir su historia y lo que Dios hizo por ellos, manteniéndola viva mediante la transmisión de padres a hijos. Para que no se olvidaran, tenían que instruir diligentemente a sus hijos en los mandamientos y promesas de Dios.

Por tanto, pondréis estas mis palabras en vuestro corazón y en vuestra alma, y las ataréis como señal en vuestra mano, y serán por frontales entre vuestros ojos. Y las enseñaréis a vuestros hijos, hablando de ellas cuando te sientes en tu casa, cuando andes por el camino, cuanto te acuestes, y cuando te levantes, y las escribirás en los postes de tu casa, y en tus puertas; para que sean vuestros días, y los días de vuestros hijos, tan numerosos sobre la tierra que Jehová juró a vuestros padres que les había de dar, como los días de los cielos sobre la tierra (Dt. 11:18-21).

También nosotros, como el pueblo del pacto divino, recibimos hoy este mandamiento. Dios nos llama a hacer por nuestros hijos lo que, por medio de Moisés, ordenó a los israelitas hace tantos años. Debemos enseñarles acerca de Dios y de las cosas que tienen que ver con Él, contándoselas cuando estemos en casa o lejos de ella, cuando nos acostemos y cuando nos levantemos.

Sin embargo, nosotros tenemos una diferencia importante respecto al pueblo judío, mientras que Moisés y los hijos de Israel pertenecían al viejo pacto, nosotros, como comunidad cristiana, somos el pueblo del nuevo pacto. Jesús fue enviado por Dios como señal del nuevo acuerdo con su pueblo, garantizándonos que somos las hijas e hijos amados por Dios. Jesús trajo consigo nuevos mandamientos: Amen a Dios y al prójimo como a ustedes mismos. Por consiguiente, como pueblo del nuevo pacto, tenemos historias propias que contar, igual que las tuvieron las personas del antiguo. Podemos enumerar cómo Dios nos ha sacado, como a los israelitas en la antigüedad, de los lugares desiertos de nuestra vida llevándonos a frescos y fértiles oasis de vida. Debido a quiénes somos, nuestros hijos necesitan escuchar las historias de cómo Dios ha sido fiel a lo largo de todo nuestro camino, y entender que, por medio de Jesús, somos un pueblo redimido y perdonado. Necesitan vernos ser ejemplo en nuestra vida de fe, la cual proclamamos con nuestros labios. Deben aprender los mandamientos y promesas de Dios, que ofrecen estructura y significado a la vida. Deben saber que el Dios que nos creó desea sustentar una relación con nosotros, y que la oración es el idioma que nos mantiene en contacto con el Creador.

Debemos tener valor para hablar a los niños de Dios, porque el mundo lo tiene en lo que enseña a nuestros hijos.[7] No podemos dedicarnos a esta misión sin poner todo el corazón, porque lo que está en juego es demasiado valioso. Moisés manifestó al pueblo del antiguo pacto:

> Guardaos, pues, que vuestro corazón no se infatúe, y os apartéis y sirváis a dioses ajenos, y os inclinéis a ellos (Dt. 11:16).

Este es un peligro muy real para nosotros hoy día. Solo enseñando a nuestros hijos quién es Dios aprenderán a saber de verdad quiénes son ellos. Su identidad está escondida en el Dios que les creó y que les ama con un amor incondicional, eterno y apasionado, y desea mantener una relación de amor con los hombres.

Jesús expresó: "De cierto os digo que en cuanto lo hicisteis a uno de estos mis hermanos más pequeños, a mí lo hicisteis" (Mt. 25:40). En nuestra sociedad actual, no cabe duda de que nuestros hijos se cuentan entre "los más pequeños". Nosotros, como cristianos adultos, tenemos la solemne responsabilidad de proteger, guiar y formar a esos jovencitos a nuestro cargo. Quizá se encuentren entre "los más pequeños", pero a pesar de ello siguen siendo, como dice Jesús, los miembros ideales del reino de Dios.

Si queremos que no olviden la "visión original", ese nexo misterioso entre ellos y Dios, que un día fue suyo antes de que nos llegaran desde el cielo, debemos contarles nuestra historia, hacer que maduren en su fe, enseñarles los mandamientos y promesas de las Sagradas Escrituras, y guiarles a una vida de fidelidad en la oración. Y hacemos esto con la seguridad de que, si actuamos como los que le abren camino al Espíritu Santo, Él vendrá a guiarnos a lo largo de este peregrinaje. Que Dios nos conceda a todos el deseo, la sabiduría, la fuerza y el valor de comenzar a orar con y por nuestros hijos... y comenzar ahora mismo.

Entrevistas con niños

Estoy tremendamente agradecida a los niños que me permitieron entrevistarlos. Fueron muy sinceros en sus respuestas, y sus reacciones salían del corazón. No tuve la sensación en ningún momento de que me estuvieran respondiendo lo que suponían que esperaba o quería oír, sino que contestaban según sus propios sentimientos y experiencias. Pedir a los niños que nos revelen los pensamientos más hondos de su corazón es una misión difícil, y soy consciente de mi responsabilidad de usar sus respuestas en una forma digna. Por consiguiente, mientras le participo estas entrevistas, le ruego que las lea con reverencia y enorme respeto, sabiendo que un niño o niña inocente le ha mostrado sus pensamientos más profundos. Estos diálogos incluyen a niños de varias culturas. Algunos provenientes de familias con buena posición económica y otros de familias más desfavorecidas. Además de los pequeños que han conversado conmigo individualmente, doy gracias a los niños de varias iglesias con los que e platicado en grupo. Mi vida se ha visto tremendamente enriquecida por mi relación con estos preciosos niños.

Eva era una niña de cinco años muy despierta y comunicativa. Estaba muy dispuesta a responder mis preguntas y parecía sentirse a gusto con nuestra conversación. Nos reunimos en un restaurante local, y bebimos un refresco mientras hablábamos. Le expliqué que me estaba reuniendo con diversos niños, hablando de Dios y de la oración. Le aseguré que no había respuestas correctas o incorrectas para cada pregunta, y que lo único que quería era conocer sus propios sentimientos. Usé este mismo procedimiento con todos los niños a los que entrevisté. A continuación transcribo mi diálogo con Eva.

–Eva, ¿te acuerdas de la primera vez que oraste? –pregunté.

–¡Oh, sí! Sí que me acuerdo –respondió tras pensar unos instantes–. Creo que fue cuando era recién nacida. Hablé con Dios justo entonces, cuando nací.

–Y ahora, con los años que tienes, ¿cuándo oras?

–Oro antes de comer y cuando me voy a la cama.

–¿Y sobre qué oras?

–Bueno, sobre muchas cosas –sostuvo y comenzó a explicar–. Le pido a Dios que bendiga a mi mamá, a mi papá y a mi hermana. Y le pido que cuide del abuelo y de la abuela. Que bendiga a mi otra abuela. Mi otro abuelo murió cuando yo tenía dos años –aquí hizo una pausa, pensando un minuto antes de seguir–, pero fui a verle al hospital antes de que se muriera –expresó, y parecía satisfecha de haberle visto antes de su muerte.

–Si quieres algo con muchas, muchas ganas, como un juguete, una bicicleta o algo así, ¿se lo pides a Dios?

–No, no le pido a Dios esas cosas. Se lo pido a mi mamá y a mi papá y ellos me lo compran en mi cumpleaños, o en otro momento.

–¿Recuerdas algún tiempo en que sentiste que Dios estaba a tu lado, muy cerca?

–¡Sí! Sí me acuerdo –respondió luego de pensarlo y se rió–. Fue durante mi cumpleaños, cuando me divertía mucho.

–¿Hay otros momentos en que te sientes cerca de Dios, y sabes que Él está cerca de ti?

–Sí. Cuando juego en el patio. Allí hay algunos arbustos y plantas, y a veces cuando estoy sola tengo miedo. Dios me cuida. ¡Pero también mi perro y mi gato me protegen!

–¿Hay algún otro momento en que sientes que Dios está cerca de ti?

—Sí, a veces cuando estoy triste.
—Eva, si hubiera algunas niñas en tu escuela que no conocieran a Dios, que ni siquiera supieran quién es, ¿cómo se lo describirías?
—Bueno, les diría: "Ustedes dos, vengan aquí que les voy a hablar de Dios. Es muy especial y está aquí aunque no lo sepan. Él las protege y las cura cuando están enfermas".
—Si te pidiera que hicieras un dibujo de Dios, ¿podrías? ¿Cómo lo dibujarías?
—¡Vaya! —rió un rato, tapándose la boca con la mano—. No podría hacer un dibujo de Dios, porque la verdad es que no sé qué aspecto tiene. Pero me parece que debe tener barba y bigote.
—¿Qué historias de la Biblia te ayudan a saber cómo es Dios?
—Bueno, me gusta esa historia de cuando había una gran tormenta y Dios hizo que el mar se calmara —pensando un poco más, continuó—: Y me gusta también la historia del... eeeh... buen samaritano. Esa es mi historia favorita.
—¿Cuáles son algunas de las oraciones que haces a Dios?
—Le doy gracias por los árboles, las flores y por la comida. Y por la noche le digo: "Ahora, cuídame mientras duermo".
—Si te pidiera que me nombrases a la persona que crees que está más cerca de Dios, ¿qué dirías?
—Que es el abuelo, que se ha ido a vivir con Dios y Jesús. Y también el bebé de mi tía está cerca de Dios, porque se murió cuando nació.
—¿Crees que es más fácil orar a Dios en silencio, o cuando hay ruido?
—¡Oh, cuando hay silencio, eso seguro! Todo ese ruido me impide escuchar a Dios.
—¿Es más fácil orar cuando estás sola o acompañada?
—A veces me gusta orar sola, y otras me gusta orar con mamá.
—¿Crees en los ángeles, Eva? ¿Has visto uno alguna vez?
—Bueno, sé que hay ángeles, pero los únicos que he visto estaban en una tienda.
—¿Hay algo más que quieras decir sobre Dios que no te haya preguntado?

—Quiero decirle a todos que Dios sabe lo que es mejor para ellos, y que tenemos que confiar en Él. Que Dios es amable y nunca, nunca se porta mal con nadie.

La siguiente entrevista se la hice a María, de nueve años, que estaba en cuarto grado, y que pertenece a la tradición católica.

—Dime, María, ¿te acuerdas de la primera vez que oraste? —pregunté para abrir la sesión.

—Bueno, exactamente no me acuerdo, pero creo que fue cuando estaba en la iglesia, y era muy pequeña —respondió la niña.

—¿Y ahora, en qué momentos oras?

—Antes de ir a dormir y durante el día en la iglesia, y a veces en la escuela.

—¿Cuáles son tus temas de oración?

—Oro por otras personas —expresó y continuó—. Le pido a Dios que cuide de mi mamá, de mí y de mi hermano.

—¿Cuándo sientes a Dios más cerca?

—Por las noches. Entonces estoy segura de que está ahí.

—Si te pidiera que hicieses un dibujo de Dios, ¿cómo crees que lo harías? ¿Qué aspecto crees que tiene?

—Dios es como un familiar, quizá como una madre o un padre. Nos ayuda en todos nuestros problemas y es muy amable. Creo que es muy grande y tiene una voz muy fuerte.

—¿Qué historias de la Biblia te ayudan a conocer a Dios?

—Bueno, conozco más historias sobre Jesús que sobre Dios. Mi historia favorita de Jesús es la de la cruz.

—¿Te acuerdas de algún momento en que oraste y sentiste que Dios respondió a tu oración?

—Cuando tengo mucho miedo rezo la oración del "ángel guardián" y dejo de estar asustada.

—¿Me podrías decir esa oración? No estoy muy segura de conocerla.

—Claro. —confirmó María y recitó—: "Ángel guardián, amado pro-

tector y quien conduce a mí el fiel amor de Dios, quédate esta noche aquí, a mi lado y dame de tu luz, ayuda, guía y protección".
—Es una hermosa oración. ¿Quién te la enseñó?
—Mi mamá.
—María, de las personas que conoces, ¿quién crees que está más cerca de Dios?
—Mi mamá o el sacerdote.
—¿Crees que es más sencillo orar cuando estás en silencio o cuando hay ruido?
—Cuando hay silencio, claro. El ruido te impide pensar en Dios.
—¿Te gusta orar sola o acompañada?
—A veces me gusta orar sola, y otras prefiero hacerlo con otras personas, sobre todo con mi mamá.
—¿Siempre usas oraciones que has memorizado, como la del "ángel guardián", o a veces dices lo que quieres?
—A veces digo oraciones de memoria, pero otras digo sencillamente lo que tengo en mi corazón.

⁂

Ester fue la niña más pequeña a la que entrevisté. Tenía solo tres años y un hermano y una hermana mayores. Se encontraba muy a gusto y no parecía importarle responder a mis preguntas.
—Ester, ¿cuándo oraste por primera vez a Dios? —interrogué— ¿Te acuerdas?
—No sé. Supongo que sería alguna vez, en casa o en la iglesia —respondió sencillamente.
—Ahora, ¿cuándo oras?
—Por la noche y a veces en la escuela.
—¿Por qué cosas oras?
—Doy gracias a Dios por los amigos que nos aman y por ayudarnos a crecer. A veces oro el "padrenuestro que estás en el cielo".
—¿Qué más le dices a Dios?
—Que lo quiero.
—¿Y Dios te contesta?

—Sí, Dios me dice: "¡Yo también te quiero, Ester!" —respondió con una sonrisa.
—¿Has visto el cielo alguna vez?
—Todavía no, pero lo veré cuando me muera.
—Si dibujaras a Dios, ¿qué aspecto tendría? ¿Cómo lo dibujarías?
—Dibujaría muchos círculos por toda la página, pintándolos todos de rosa.
—¿Crees que es más fácil orar cuando hay silencio o cuando hay ruido?
—Cuando no hay ruido. Entonces oro mejor y oigo mejor a Dios.

⁂

Rosa, de siete años con un hermano mayor es muy expresiva, y pareció estar a gusto en la entrevista. Estas son las preguntas que le formulé.
—¿Cuándo fue la primera vez que recuerdas haber orado, Rosa?
—Cuando tenía tres años.
—¿Por qué oraste entonces?
—Pedí que todo el mundo estuviera bien.
—Y ahora, ¿cuándo oras?
—Por las mañanas y las noches, sobre todo a la hora de acostarme. A veces si tengo algún problema, también oro por las tardes.
—¿Te acuerdas de algún momento en que te sintieras más cerca de Dios?
—Sí que me acuerdo —respondió y comenzó a dar su explicación—. Cuando era muy pequeña, me sentí como si estuviera abrazando a Dios —se detuvo un momento, como si meditara y luego continuó—: ¿Sabes? Casi no me acuerdo de cuando estuve en el cielo.
—¿Puedes describir a Dios, como si se lo contases a alguien que no lo sabe?
—Bueno, diría que Dios les ha creado a todos y les ama, y quiere estar con ellos.
—¿Tienes alguna idea del aspecto que tiene Dios?
—No estoy segura, pero me parece que tiene una barba que es negra o castaña y que lleva un vestido azul y blanco.

—¿Crees que es mejor orar cuando estás a solas o cuando hay más gente?
—Creo que es mejor orar a solas.
—¿Y qué es mejor, orar cuando hay silencio o cuando hay ruido?
—Es mejor orar cuando hay silencio. No puedo hacerlo cuando está la televisión prendida, o cuando la gente mastica papas fritas y todo eso —termina su respuesta riendo.
—¿Hay algo que quieras decirme acerca de Dios y de la oración que no te haya preguntado?
—Bueno —hace una pausa—, sí. Últimamente he estado pensando en algo. ¿Sabes? Creo que todos nosotros somos adoptados por nuestros padres, porque primero somos hijos de Dios, y luego Dios nos permite venir a vivir con nuestros padres. ¡Así que todos somos adoptados!

∽

Rubén, de doce años, es el hermano de Rosa. También es expresivo, y estaba muy dispuesto a contestar a mis preguntas.
—Rubén, ¿recuerdas la primera vez que supiste que había un Dios?
—Creo que sí —respondió mientras pensaba—, me acuerdo que cuando estaba en primer grado mi maestra me habló de eso. Quizá ya lo sabía de antes, pero me acuerdo muy bien de ese momento. Nos pidió que orásemos y abriéramos la puerta de nuestro corazón, para que Dios entrara en él.
—Me alegro que no hayas olvidado eso. ¿Te acuerdas de algún momento en que sintieras que Dios estaba más cerca de ti que en cualquier otro instante de tu vida?
—Cada vez que tengo problemas, sé que Dios está cerca de mí. No hablo solo de problemas físicos, sino también de otros momentos, cuando estoy cansado, o en época de exámenes.
—¿Cómo crees que es Dios, Rubén?
—Bueno, creo que es estricto, pero también nos perdona. Me lo imagino en forma humana porque Él creó a Adán. Quizá me lo imagino como un anciano con una larga barba gris, y cabello también gris. Puede que sea anciano, pero sigue siendo muy fuerte y sabio.

—Si tuvieras que hablarle a alguien de Dios, a alguien que jamás hubiese oído hablar de Él, ¿qué le dirías?

—Que Dios es casi como una red de seguridad. Está ahí para salvarte cuando fracasas o te hundes. Te saca de los problemas. Es un amigo, alguien a quien puedes recurrir en las situaciones buenas o malas.

—Bien dicho —sostuve y volví a preguntar—. Si alguien te pidiera que hicieras un dibujo de Dios, ¿qué dibujarías?

—Dios está rodeado de un halo, como una luz. Puede que Dios tenga dos brazos y dos piernas pero, un instante después, pueden ser veinte. Creo que Dios envejece, y parece que le necesitamos para que nos cuide en nuestras circunstancias.

—Es una idea interesante, Rubén. ¿Quién, de todas las personas que conoces, está más cerca de Dios?

—Me parece que los misioneros están más en contacto con Dios.

(Rubén fue junto a su grupo de amigos a una misión, en verano, para reparar y pintar una iglesia pobre.)

—Creo que tienes razón en eso —acoté—. Dime, Rubén, ¿te acuerdas de la primera vez que oraste?

—Sí, fue una vez que estaba solo, creo que cuando estaba en primer grado. Pero estoy seguro que antes de eso ya oraba.

—Ahora, ¿cuándo oras?

—En serio, un cuarto de hora o algo así, por las noches. Pero también oro antes de las comidas, pidiendo a Dios que bendiga los alimentos. También oro en la iglesia y en las actividades relacionadas con ella y cuando tengo algún problema.

—¿Cuáles son tus temas de oración?

—Oro por muchas cosas. Para comenzar, pido protección para mi familia. Pido perdón a Dios y que me ayude a perdonar a los que debo perdonar. Cuando me duermo, intento tener pensamientos buenos y ser agradecido.

—Parece un buen sistema. ¿Qué historias de la Biblia te han ayudado a saber cómo es Dios?

—No sé…. Cada situación necesita una historia distinta.

—Rubén, ¿crees que es más fácil orar en silencio o cuando hay ruido a tu alrededor?

—Cuando hay silencio, porque me puedo concentrar mejor.

—¿Te resulta más fácil orar cuando estás solo o cuando estás con más gente?

—Puedo orar junto a más personas, pero creo que oro mejor estando solo.

—¿Crees en los ángeles, Rubén?

—Sí, creo en los ángeles, aunque nunca he visto uno.

～～～

Al principio, Felipe un niño de 9 años con tres hermanos se mostró muy tímido y dudaba en responder mis preguntas. Pero a medida que avanzaba la entrevista, fue abriéndose más.

—Hola, Felipe —saludé—. Me gustaría hacerte algunas preguntas sobre Dios y sobre la oración. ¿Te importa?

—No, no hay problema —respondió.

—¿Recuerdas la primera vez que supiste que Dios existía? —pregunté aclarándole que pensara su respuesta.

—Sí que me acuerdo. Fue un día, cuando era muy pequeño.

—¿Te acuerdas de algún momento en que hayas sentido a Dios muy cerca de ti?

—Claro. Cada vez que me voy a la cama.

—¿Cómo crees que es Dios, Felipe?

—Es como un padre, amable y agradable.

—Si tuvieras que hablarle a alguien de Dios, a alguien que jamás hubiera oído hablar de Él, ¿qué le dirías?

—Pues le diría que Dios vive en el cielo, y que es muy bueno y nos ayuda.

—Si alguien te pidiera que hicieses un dibujo de Dios, ¿qué dibujarías?

—¡Vaya! ¡Pues dibujaría a Dios! —respondió riendo—. Tendría una túnica blanca, los ojos azules y el cabello rubio. Pero me parece que no le pondría barba.

—¿Quién de las personas que conoces está más cerca de Dios? Quiero decir —aclaré—, alguien que viva como Dios quiere que vivamos, que siempre está en contacto con Él.

—Mi mamá. Va a la iglesia todas las semanas y ora cada noche conmigo.

—Eso está bien, Felipe. ¿Te acuerdas de la primera vez que oraste?

—Sí, cuando tenía tres años oré yo solo.

—¿Cuándo sueles orar?

—Antes de irme a la cama, cuando me despierto, y a la hora de las comidas. También oro en la escuela, cuando hay algo que me preocupa.

—¿Sobre qué acostumbras orar?

—Oro por mi familia, para que Dios cuide de ellos. Oro por las personas que son ancianas o están enfermas.

—Eso está bien, Felipe. ¿Qué historias de la Biblia te ayudan a entender cómo es Dios?

—Mateo 1:12.

—¿Y qué historia es la de Mateo 1:12?

—Es la historia de un hombre que era malo, y Jesús lo castigó, y entonces el otro se arrepintió.

¡No estaba segura a qué historia se refería Felipe! Cuando le hice más preguntas al respecto, no quiso hablar más del tema.

—Felipe, ¿crees que es más fácil orar cuando hay silencio o cuando hay ruido?

—Cuando hay silencio. Si hay mucho ruido alrededor, no puedo orar.

—¿Crees que es más fácil orar estando solo, o cuando te acompaña alguien?

—Con alguien más, aunque también puedo orar solo.

—¿Crees en los ángeles, Felipe?

—Sí.

—¿Has visto un ángel alguna vez?

—Solo en la televisión. Vi una película llamada: "Los ángeles en el campo", donde un niño oraba pidiendo a los ángeles que viniesen a ayudar a su papá en el equipo de fútbol, para que ganaran, y al final ganaron.

Roberto de nueve años, me contó que tenía un hermano mayor y dos hermanas, de once y trece años.

—¿Recuerdas la primera vez que supiste que existía Dios, Roberto?

—Sí que me acuerdo. Vi el sol, grande, amarillo y brillante, y me recordó a Dios. Al principio pensé que era Dios, pero luego entendí que era el sol que Dios había creado, y eso me hizo recordarle.

—¿Cómo crees que es Dios?

—Bueno, es como una persona grande.

—Si tuvieras que explicarle a alguien que no sabe nada de cómo es Dios, ¿qué le dirías?

—Le diría que es "el señor del piso de arriba". Es el que siempre nos ayuda, como mi papá y mi tío.

—Si alguien te pidiera que hicieses un dibujo de Dios, ¿qué harías?

—¡Dibujaría al auténtico Dios! Llevaría ropas blancas, con un poco de azul, y tendría el cabello oscuro y los ojos azules.

—De las personas que conoces, ¿quién está más cerca de Dios?

—Jesús, seguro. También mi mamá, porque es muy buena conmigo.

—¿Te acuerdas de la primera vez que oraste a Dios?

—Sí, me acuerdo. Era cuando estaba en la cama, y tenía unos seis años.

—¿Cuándo oras?

—Me paso toda la semana orando. Me arrodillo y oro a solas.

—¿Sobre qué temas oras?

—Oro por muchas cosas. Por mi familia, porque quiero que mi papá vuelva sano y salvo del trabajo. Y oro para que los enfermos se sanen.

—¿Qué historias de la Biblia te ayudan a saber cómo es Dios?

—No me acuerdo —respondió luego de pensar unos instantes.

—No importa —interrumpí inmediatamente—. Quizá más tarde te acuerdes de alguna. Déjame que te pregunte algo más: ¿Te es más fácil orar cuando hay silencio o cuando hay ruido?

—Cuando hay silencio, porque cuando hay ruido no paro de equivocarme.

—¿Es más sencillo orar estando solo o cuando estás con alguien?
—Cuando estoy solo.
—¿Crees en los ángeles?
—No —fue su primer respuesta—. A ver... claro que sí —continuó diciendo luego de pensarlo—, pero nunca he visto uno, excepto en la televisión.

～～

Arturo tenía ocho años y estaba en segundo grado. Estaba bien predispuesto a mis preguntas y las respondió sin vacilar.
—Hola, Arturo. ¿Recuerdas que te pregunté si querrías hablar conmigo y responder algunas preguntas?
—Sí, me acuerdo.
—¡Qué bien! —respondí y formulé la primer pregunta—: ¿Te acuerdas de la primera vez que supiste que Dios existía?
—No estoy seguro de qué edad tenía. Quizá cinco años, o algo así. Mi papá lo explicó y lo entendí. Pero quizá ya lo sabía de antes.
—¿Cómo crees que es Dios, Arturo?
—¡Dios es grande! Es perfecto. ¡Increíble!
—Si tuvieras que hablar de Dios a alguien que no lo conoce, ¿qué le dirías?
—Seguramente le hablaría de Dios, y de cómo envió a Jesús a salvarnos. Le invitaría a venir a la iglesia conmigo, para que aprendiera quién es Dios.
—Si alguien te pidiera que dibujaras a Dios, ¿qué harías?
—¡Esa es difícil! —contesta sonriendo—. Jesús era un hombre, y Dios hizo al hombre a su imagen, de modo que debemos parecernos a Dios.
—De las personas que conoces, ¿quién está más cerca de Dios?
—Bueno, conozco gente que intenta vivir cerca de Dios. En especial mis padres.
—¿Te acuerdas de la primera vez que oraste?
—A lo mejor fue cuando tenía uno o dos años, y aprendí a inclinar la cabeza. Estoy seguro de que cuando nací vi a alguien orando, y entonces empecé a orar yo solo.

Entrevistas con niños

—¿Cuándo sueles orar?
—Oro mucho cuando necesito ayuda. También cuando me voy a acostar y a la hora de las comidas. Por la mañana, leo mi Biblia y hago una oración.
—¿Cuáles son las cosas por las que acostumbras orar?
—Oro pidiendo que mi día vaya bien. Le doy gracias a Dios por todo lo que tengo. Oro por nuestro amigo en África, y por todos mis amigos y mi familia de aquí.
—¿Qué historias de la Biblia te ayudan a saber cómo es Dios?
—Las historias que cuentan las cosas que hizo Jesús. Cómo entregó su vida para que nosotros podamos vivir.
—¿Crees que es más fácil orar cuando hay silencio o cuando hay ruido?
—Cuando hay silencio. También podemos orar cuando hay ruido, pero necesitamos concentrarnos más.
—¿Te es más fácil orar cuando estás solo o acompañado?
—Solo. Pero supongo que depende de con quién esté.
—¿Crees en los ángeles?
—Sí. A veces estoy seguro de que están ahí, pero jamás he visto uno.

~~~

Ana tenía ocho años y estaba en segundo grado. Era muy lúcida, estaba contenta y dispuesta a conversar.
—Ana, ¿te acuerdas de la primera vez que supiste que había un Dios?
—Sí, me acuerdo. Siempre he estado pensando en Dios. Ahora estoy pensando en Dios.
—¿Recuerdas algún momento en que Dios estuviera especialmente cerca de ti?
—Sí. Una noche estaba soñando, en mi cama, y me pareció que Dios estaba allí conmigo. Eso fue lo que me pareció.
—¿Cómo es Dios?
—Dios es un espíritu.
—Si hubiera alguien que nunca hubiese oído hablar de Dios, ¿cómo se lo describirías?

—Le diría que Dios es una persona especial para todo el mundo. Dios ayudó una vez a mi abuela a que no la atropellara un camión cuando cruzaba la calle. Él me protege cuando voy cada día a la escuela.

—Si alguien te pidiera que dibujaras a Dios, ¿cómo lo harías?

—Bueno, ¡pues dibujaría a Dios! Sería alguien grande, con "ropas normales". Tendría el cabello castaño y los ojos azules, y estaría en el cielo.

—De las personas que conoces, ¿quién crees que está más cerca de Dios?

—Martin Luther King, Jr.

—¿Recuerdas la primera vez que oraste?

—Sí, cuando tenía dos años y estaba con mi papá.

—¿Y ahora, cuándo oras?

—Doy gracias por la comida tres veces al día, y oro por la noche. Oro en la iglesia y cuando salimos de camino a ella, cuando hago una siesta, y en la escuela cuando tengo un problema.

—¿Por qué cosas oras?

—Oro por... bueno, le doy gracias a Dios, quien creó todo lo que hay en la tierra, y a los animales. Mi papá dice que no debemos pedir dinero a Dios, de manera que no se lo pido. Oro por las personas enfermas y le pido que cuide de mi familia.

—¿Qué historias de la Biblia te ayudan a saber cómo es Dios?

—Ahora mismo no me acuerdo ninguna.

—No pasa nada. A lo mejor te acuerdas luego. Dime, ¿es más fácil orar estando en silencio o cuando hay mucho ruido?

—Cuando no hay ruido. Cuando está todo tranquilo podemos oír mejor al Espíritu de Dios.

—¿Es más sencillo orar estando a solas o con alguien más?

—Es mucho más fácil orar estando uno solo, porque está todo más tranquilo y se puede pensar mejor.

Sara tenía trece años, y era muy tímida. Respondió a mis preguntas con frases muy breves. Era una persona agradable, pero le costaba relacionarse.

—Sara, ¿vas a la iglesia?
—Sí, voy.
—¿Recuerdas cuándo oraste por primera vez?
—Sí, lo recuerdo. Fue en un campamento de la iglesia, hace algunos años.
—Y ahora, ¿cuándo oras?
—A veces cuando estoy preocupada o asustada. También cuando comemos.
—¿Quién fue la primera persona a la que oíste orar?
—Fue un predicador. Esa fue la primera persona a la que oí orar.
—De las personas que conoces, ¿quién crees que está más cerca de Dios?
—Seguramente mi abuelo y el pastor de mi iglesia. Mi abuelo me ayuda mucho; una vez, cuando hice una travesura, me dijo que Dios me perdonaba por lo que había hecho. Eso me hizo sentir mejor.
—¿Qué aspecto crees que tiene Dios, Sara?
—Bueno, creo que es alto y lleva una túnica blanca. Tiene el cabello y la barba color castaño.
—¿Hay algo que te gustaría decir y que no hemos comentado?
—Creo que sí. Siempre quise saber: ¿Dónde se va tu ángel guardián cuando mueres?
—Esa es una buena pregunta, Sara. ¿Tú que piensas?
—No estoy segura. Quizá cuando uno muere el ángel guardián se va a ser el ángel de otra persona.
—Es una buena idea. En realidad no sabemos la respuesta a esa pregunta. No estoy segura de que alguien la sepa.

A continuación incluyo extractos de las entrevistas con Juan, Guillermo, Silvia y Pedro, todos ellos de doce años.

Entrevista con Juan
　—Juan, ¿recuerdas cuándo fue la primera vez que dijiste una oración?
　—Creo que fue cuando era muy pequeño, y mi papá vino a arroparme. Seguramente empezamos con la de: "Ahora que me voy a dormir", y cuando fui creciendo añadí otras oraciones.
　—¿Crees que es más fácil orar estando solo o con más personas?
　—Es más sencillo orar en silencio, estando solo. En mi escuela tenemos un minuto de silencio, y yo lo uso para orar.
　—¿Hubo alguna ocasión en que Dios respondió a tus oraciones de una forma especial?
　—Sí, una vez. Cuando mis padres se estaban divorciando, yo estaba muy triste, oré mucho y Dios me ayudó en esos momentos.
　—Juan, ¿cómo crees que es Dios?
　—Creo que tenemos suerte de tener un Dios así. Es alguien que perdona. Me lo imagino como un hombre, un rey quizá, con barba y niebla a su alrededor. Pero sé que Dios es más que un hombre.

Entrevista con Guillermo
　—Guillermo, ¿te acuerdas de la primera vez que oraste?
　—Seguramente fue en la iglesia, pero la verdad es que no me acuerdo, porque fue hace mucho tiempo.
　—¿Cuáles son ahora tus temas de oración?
　—Oro por mi familia y por las personas que están enfermas o tienen problemas. También oro en las situaciones difíciles, cuando necesito ayuda. Un ejemplo puede ser cuando estaba corriendo un maratón, hace poco, y necesitaba fuerzas. Oré pidiéndoselas.
　—¿Sabes cuándo fue el momento en que creíste en Dios?
　—Supongo que debió ser cuando tenía once años. Siempre me habían hablado de Dios, pero llegué a conocerle personalmente a los once años.
　—¿Crees que hubieras creído en Dios aunque nadie te hubiese hablado de Él?

—Sí, supongo que sí, porque me hubiera preguntado cómo es que existen todas las cosas, quién las creó. Creo que la naturaleza nos acerca a Dios. Creo que en todas las cosas maravillosas de la naturaleza vemos la mano de Dios.

Entrevista con Silvia
—Silvia ¿te acuerdas de la primera vez que oraste?
—No, no lo creo. Fue hace demasiado tiempo.
—¿Cuáles son las cosas por las que oras actualmente?
—Oro por mi familia y doy gracias por tener alimentos y un hogar cómodo, amigos y familiares.
—¿Recuerdas algún momento en que hayas sentido a Dios más cerca que otras veces?
—Sí, me acuerdo. Cuando murió mi abuelo, todos estábamos muy tristes. Entonces sentí una sensación muy real de la presencia de Dios con nosotros.

Entrevista con Pedro
—Pedro ¿recuerdas cuándo oraste por primera vez?
—Yo diría que debió de ser en la iglesia. Hace tanto tiempo que no lo recuerdo.
—Y ahora, ¿cuándo oras?
—Sobre todo por las noches, pero también en otros momentos.
—¿Cuáles son algunos de tus temas de oración?
—Oro por mi familia y mis amigos. Doy gracias a Dios por el hogar, la comida y la ropa que nos da. Digo "gracias" por todo lo que ha hecho. A veces solo digo "ayúdame", cuando lo necesito.
—¿Recuerdas algún instante especial en que sentiste a Dios muy cerca de ti?
—Sí, me acuerdo de una noche cuando estaba en la cama y pensé que Dios estaba muy cerca. Estaba acostado y en silencio, y sentí la presencia de Dios conmigo.

Estos son extractos de entrevistas con Julia, Elisabet y Sofía, todas de doce años.

Entrevista con Julia
—Julia, si tuvieras que describir a Dios a alguien que no le conociese, ¿cómo lo harías?
—Lo describiría como el creador, o como un padre, alguien en quien puedes confiar y poner tu fe. No importa a qué raza pertenezcas, o a qué iglesia vayas, todos tenemos el mismo Dios.
—¿Qué aspecto crees que tiene Dios?
—Eso es difícil de saber. Es posible que lleve ropa brillante, pero no tiene rostro. No podría describir a Dios, porque no sabemos cuál es su aspecto.
—¿Hay alguna persona que creas que se parece más a Dios que las demás, o que vive más cerca de Él?
—Creo que sí conozco a alguien. Hay un señor en nuestra iglesia que es muy amable con mi hermano y refleja los atributos de Dios.
—¿Sobre qué cosas sueles orar, Julia?
—Ahora oro distinto a cuando tenía cuatro años. Entonces pedía cosas. Ahora le pido a Dios que esté conmigo y con mi familia, y cosas así.

Entrevista con Elisabet
—Elisabet, ¿podrías decirme cómo crees que es Dios?
—Creo que siempre nos perdona y está pendiente de nosotros. Me maravilla pensar que, cuando oro, seguramente hay millones de personas que están orando al mismo tiempo. ¡Es difícil comprender cómo Él puede escuchar y responder a tantas oraciones!
—Si quisieras hablarle a alguien de Dios, alguien que nunca ha sabido nada de Él, ¿qué le dirías?
—Le diría que Dios siempre está con nosotros, que nos perdona y nos concede muchas oportunidades para hacer las cosas bien.
—Si alguien te pidiera un dibujo de Dios, ¿qué dibujarías?
—¡Hay tantas maneras en que podemos describir a Dios! En la Bi-

blia encontramos muchas imágenes de Él. Supongo que podría decir que es como una roca, o como el *alfa* y la *omega*, o como una zarza ardiendo.

—Elisabet, ¿crees en los ángeles?
—Sí, por supuesto. Todo el mundo tiene un ángel guardián que le protege día y noche. Tu ángel favorito, o tu ángel guardián puede acercarse a ti de noche y decirte cuál es su nombre.

Entrevista con Sofía
—Sofía, ¿podrías decirme cuándo oraste por primera vez?
—La verdad es que me cuesta acordarme. Seguro fue en la iglesia, o en casa con mi familia, por la noche, cuando nos íbamos a acostar.
—¿Cuáles son las cosas por las que oras actualmente?
—Por mi familia, para que Dios nos conduzca por el buen camino, y le pido que cuide de nosotros.
—¿Te acuerdas de alguna ocasión en que Dios respondiera a tus oraciones de una forma muy real?
—Sí. Tengo dolores en la espalda y no sabíamos qué pasaba. Oré y Dios me contestó. Me hicieron pruebas en la espalda y los médicos ya saben lo que tengo. Pronto me operarán para corregir el problema.
—¿Recuerdas algún momento en que sentiste a Dios muy cercano?
—Sí. Cuando murió mi abuelo y fuimos al cementerio, sentí a Dios muy cerca de todos nosotros.

Extractos de diversas entrevistas.
Marta, diez años.
—Marta, si alguien te pidiera que hicieses un dibujo de Dios, ¿cómo lo harías?
—Pintaría a Dios como un ángel. Le pondría una barba castaña, ojos verdes y una túnica blanca.
—¿Cómo te imaginas el cielo, Marta?
—Como un lugar donde todos se aman. Conozco a muchas personas que estarán allí. Muchas de las personas de la Biblia estarán allí, eso seguro.

Mercedes, cinco años.
—Si hubiera alguien que nunca hubiese escuchado nada sobre Dios, ¿cómo se lo explicarías?
—Le cantaría una canción sobre Dios. Y le diría que Él me ama, y que a ellos también los ama.

Antonia, ocho años.
—¿Te acuerdas de algún momento en que Dios estuviera muy cerca de ti?
—Sí, cuando nací, Dios estaba allí. Otra vez fue cuando escuché una música de Navidad muy bonita en nuestra iglesia. Dios también estaba allí.
—¿Cuáles son algunas de las cosas por las que oras?
—Oro por todas las cosas. Le pido a Dios que ayude a los niños en los orfanatos, los que no tienen casa, y le pido a Dios que cuide de ellos y haga que estén bien.

Elena, nueve años.
—Elena, si te pidiera alguien que dibujaras a Dios, ¿cómo lo harías?
—Lo dibujaría como un espíritu que sube por el aire. Tendría cara, pero no sé cómo sería; y tendría el pelo gris, y una túnica blanca con una cruz bordada.
—¿Qué historias de la Biblia te ayudan a saber cómo es Dios?
—El versículo: "En el principio Dios creó los cielos y la tierra" me dice algo sobre Él.

Luisa, ocho años.
—Luisa, ¿recuerdas la primera vez que supiste que Dios existe?
—Sí. Mi mamá me contó que Dios nos creó, y todo eso.
—Si tuvieras que hablarle a Dios a alguien que no supiera nada de Él, ¿qué dirías?
—Le diría que Dios está en nuestro país y en nuestro corazón, y que Dios nos ayuda. Dios está con nosotros cuando salimos de viaje o cuando nos mudamos. Allí estará Dios, con nosotros.

Consuelo, ocho años.

—Consuelo, ¿has visto alguna vez algo que te haya recordado a Dios?

—Sí, una vez vi un arco iris muy bonito, que me hizo pensar en Dios.

—De todas las personas que conoces, ¿cuál es la que está más cerca de Dios?

—Mi tío, porque ora y va mucho a la iglesia.

Oraciones

Sean gratos los dichos de mi boca
y la meditación de mi corazón delante de ti,
Oh Jehová, roca mía, y redentor mío.
Salmo 19:14

Señor, enséñame todo lo que deba saber;
que en gracia y sabiduría pueda crecer;
que cuanto más sepa hacer tu voluntad,
más y mejor te pueda así amar.
Isaac Watts
A Child's Book of Prayers, p. 2

Padre amado, escucha y bendice
a tus animales, y a las aves que cantan,
y con tu ternura cuida de todas
las cosas pequeñas que no tienen habla.
Anónimo
A Child's Book of Prayers, p. 3

Dios esté en mi mente,
y en mi entendimiento;
Dios esté en mis ojos,
y en mi forma de mirar;
Dios esté en mi boca,
y en el modo en que hablo;
Dios esté en mi corazón,
y en mi forma de pensar;
Dios esté en mi final,
y cuando parta del mundo.

The Sarum Primer
A Child's Book of Prayers, p. 13

Veo la luna
y la luna me ve;
Dios bendiga a la luna,
y me bendiga también.

Anónimo
A Child's Book of Prayers, p. 14

Dios hizo el mundo tan grande y hermoso,
y de bendiciones lo llenó gustoso.
Él hizo la altura y el azul del cielo,
y también creó a los niños pequeños.

Anónimo
A Child's Book of Prayer, pp. 16 y 17

Alaben a Dios, Padre de toda bendición;
alábenle, todas las criaturas del mundo en derredor;
alábenle en lo alto, oh hueste celestial,
alaben al Padre, Hijo, Espíritu, la santa Trinidad. Amén.

Día a día, amado Señor,
tres cosas yo te pido:

Verte más claramente,
amarte más tiernamente,
seguirte más fielmente.
Día a día.
St. Richard de Chichester
A Child's Book of Prayers, p. 23

Ahora que me voy a acostar,
te ruego, Señor, que tú me quieras guardar;
durante la noche me guarde tu amor,
y él me despierte cuando salga el sol.
Tradicional
A Child's Book of Prayers, p. 26

¡Oh, Padre celestial,
protege y cuida a todos los seres que respiran,
guárdalos de todo mal y que puedan dormir en paz!
Albert Schweitzer

Oraciones para dar gracias por los alimentos

Bendícenos, Señor, y a estos bienes
que vamos a tomar, que provienen de tu bondad.
Por Cristo nuestro Señor, amén.
Blessings and Prayers, p. 20

Tú eres grande
y tú eres bueno,
y te agradecemos
estos alimentos.
Tradicional
A Child's Book of Prayers, p. 19

Por lo que vamos a recibir ahora
el Señor nos haga estar muy agradecidos. Amén.
Anónimo
A Child's Book of Prayers, p. 7

Está presente a nuestra mesa, Señor;
que seas adorado aquí y en todo lugar.
Bendice tus misericordias, y permite que
podamos comer en comunión contigo. Amén.
John Wesley
Everyday Prayers for Children

Oraciones de una frase para niños

Gracias sean dadas a Dios.

Gloria a Dios en las alturas.

¡Ven, Señor Jesús!

¡Aleluya!

Señor, ten misericordia.

Quédate a nuestro lado, Señor.

Que Dios te bendiga.
Blessings and Prayers, pp. 44 y 45

Notas

Introducción

1. Leonard Sweet, *Faithquakes* (Nashville: Abingdon Press, 1994), pp. 160-161.

Capítulo 1

1. Nancy Judge, citada de un artículo en *Women in Ministry Newsletter: The Tennesse Conference*. (Ella ocupa el cargo de Directora de Ministerios Infantiles en la *Bluff Park United Methodist Church* en Birmingham, Alabama, y es especialista en cómo enseñar a los niños a adorar.)
2. Frederic y Mary Ann Brussat, "*Children's Spirituality, A Resource Companion*", en *Value and Visions* 24, nº 4 (Nueva York, 1993), p. 5.
3. Robert Coles, *The Spiritual Life of Children* (Boston: Houghton Mifflin Company, 1990), p. xvi.
4. Carol Dittberner, "The Pure Wonder of Young Lives", *Sojourners* 16 (enero 1987), p. 21.
5. Marlene Halpin, *Puddles of Knowing: Engaging Children in Our Prayer Heritage* (Dubuque, Iowa: Wm. C. Brown Company Publishers, 1984), p. ix.

Capítulo 2

1. Evelyn Underhill, *The House of Soul and Concerning the Inner Life* (Minnesota: The Seabury Press, 1929, 1926), p. 121.
2. Mack B. Stokes, *Talking with God* (Nashville: Abingdon Press, 1989), p. 13.
3. J. Manning Potts, ed., *The Great Devotional Classics: Selections from the Letters of John Wesley* (Nashville: Upper Room Books, 1952), p. 10.
4. San Agustín citado en Richard R. Foster, *Prayer: Finding the Heart's True Home* (Nueva York: HarperSanFrancisco, 1992), p. 1.
5. Richard J. Foster, *Celebration of Discipline* (Nueva York: Harper and Row, Publishers, 1978), p. 30.
6. Arzobispo Anthony Bloom, *Beginning to Pray* (Nueva York: Paulist Press, 1970), p. 26.
7. C. S. Lewis, *Letters to Malcolm: Chiefly on Prayer* (Londres: Collins, Fontana Books, 1964), p. 24.
8. Sofía Cavalletti, *The Religious Potential of the Child*, trad. Patricia M. Coulter y Julie M. Coulter (Nueva York: Paulist Press, 1983), pp. 8-9.
9. Sofía Cavalletti, *The Good Shepherd and the Child* (Nueva York: Don Bosco Multimedia), p. 13.
10. Estoy en deuda con Rueben P. Job, obispo jubilado de la *United Methodist Church*, por ofrecerme esta idea.
11. Rachel Carson, *The Sense of Wonder* (Nueva York: Harper and Row, Publishers, Incorporated, 1965), p. 45.

Capítulo 3

1. Susanne Johnson, "*Christian Spiritual Formation*", en *Christian Spiritual Formation in the Church and Classroom* (Nashville: Abingdon, 1989), 103-120. (Este libro ofrece un informe muy bueno sobre las teorías del desarrollo, que están enraizadas en el

pensamiento psicodinámico y en la teoría estructural y del desarrollo.)
2. Mary Ann Spencer Pulaski, *Understanding Piaget: An Introduction to Children's Cognitive Development* (Nueva York: Harper and Row, 1971), pp. 207-208.
3. Brenda Munsey, ed., *Moral Development, Moral Education, and Kohlberg* (Birmingham, Ala.: Religious Education Press, 1980), pp. 91-93.
4. J. Eugene Wright, Jr., *Erikson: Identity and Religion* (Nueva York: The Seabury Press, 1982), pp. 51-54.
5. James W. Fowler, *Stages of Faith: The Psychology of Human Development and the Quest for Meaning* (San Francisco: Harper and Row, 1981), pp. 122-123; 135-136; 151-153; 184-175; 184-186; 199-200.
6. Renzo Vianello, Kalevi Tamminen y Donald Ratcliff, "The Religious Concepts of Children", en *Handbook of Children's Religious Education*, ed. Donald Ratcliff (Birmingham, Ala.: Religious Education Press, 1992), p. 58.
7. *Ibíd.*
8. *Ibíd.*
9. *Ibíd.*, pp. 61-62.
10. *Ibíd.*, p. 62.
11. Kalevi Tamminen y Donald Ratcliff, "Assessment, Placement, and Evaluation", en *Handbook of Children's Religious Education*, ed. Donald Ratcliff (Birmingham, Ala.: Religious Education Press), p. 243.
12. Delia Halverson, *How Do Our Children Grow?* (Nashville: Abingdon Press, 1993), p. 37.
13. Tamminen y Ratcliff, *Handbook of Children's Religious Education*, p. 244.
14. Henry van Dyke, "Every Morning Seems to Say", *The Cokesbury Worship Hymnal* (Nashville: Abingdon, Cokesbury Press, 1938), nº 291. (Del Año Infantil, de Conant. Usado con permiso de Milton Bradley Co.)

Capítulo 4

1. John H. Westerhoff III, Introducción a la edición americana, Edward Robinson, *The Original Vision: A Study of the Religious Experience of Childhood* (Nueva York: The Seabury Press, 1983), p. ix.
2. *Ibíd.*, p. 16.
3. Alister Hardy, Prefacio a Edward Robinson, *The Original Vision: A Study of the Religious Experience of Childhood* (Nueva York: The Seabury Press, 1983), p. 81.
4. Westerhoff, *The Original Vision*, p. xiii.
5. Neill Q. Hamilton, *Maturing in the Christian Life: A Pastor's Guide* (Filadelfia: The Geneva Press, 1984), p. 14.
6. *Ibíd.*, p. 29.
7. *Ibíd.*
8. *Ibíd.*

Capítulo 5

1. Henri J. M. Nouwen, *Life of the Beloved* (Nueva York: Crossroad, 1993), pp. 56-57.
2. Johanna Klink, *Teaching Children to Pray* (Filadelfia: The Westminster Press, 1974), p. 9.
3. *Ibíd.*
4. Marlene Halpin, *Puddles of Knowing*, p. 1.
5. Relatado por el reverendo David Kerr en un sermón en la *Upper Room Chapel* (Capilla del Aposento Alto), cuando formaba parte de la *General Board of Discipleship* (Junta General de Discipulado), en Nashville, Tennessee.
6. Halverson, *How Do Our Children Grow?*, p. 82.
7. *Ibíd.*

Capítulo 6

1. Ron DelBene, con Mary y Herb Montgomery, *The Breath of*

Life, ed. rev. (Nashville, Tenn.: Upper Room Books, 1992).
2. John Dalrymple, citado en Richard Foster, *Prayer: Finding the Heart's True Home* (San Francisco: HarperSanFrancisco, 1992), p. 74.
3. Delia Halverson, *Teaching Prayer in the Classroom* (Nashville: Abingdon Press, 1989), pp. 38-40.
4. Halpin, *Puddles of Knowing*, p. 163.

Capítulo 7

1. Un recurso útil es *My Journal: A Place to Write about God and Me* (Nashville, Tenn.: Upper Room Books), para niños de edades entre 7 y 12 años. Disponible desde mayo de 1997. En Estados Unidos llame gratis al 1-800-792-0433.

Capítulo 8

1. *Münster Gesangbuch*, "*Fairest Lord Jesus*", *The United Methodist Hymnal* (Nashville, Tenn.: The United Methodist Publishing House, 1989), nº 189.
2. *Mechtild of Magdeburg, Meditations with Mechtild of Magdeburg*, citado en DelBene, *The Breath of Life*, p. 17.
3. Esta historia la narró la reverenda Joyce DeToni Hill en la *Academy for Spiritual Formation* (Academia para la Formación Espiritual) en el Campamento Sumatanga, Alabama. Ella es pastor de la *Dimondale United Methodist Church*, un suburbio de Lansing, Michigan.
4. Esta historia la relató el obispo Kenneth L. Carder en Lake Junaluska, N.C., en julio de 1996.
5. *Sweet, Faithquakes*, p. 207.
6. Ronald S. Cole-Turner, "*Child of Blessing, Child of Promise*", *The United Methodist Hymnal* (Nashville, Tenn.: The United Methodist Publishing House, 1989), nº 611.
7. Evelyn Underhill, "*Light of Christ*", de Evelyn Underhill, comp.

De Roger L. Roberts, *Treasure from the Spiritual Classics* (Wilton, Connecticut: Morehouse-Barlow Co., Inc., 1982), pp. 24-25.

Capítulo 9

1. John W. Westerhoff III, *Bringing up Children in the Christian Faith* (Minneapolis, Minn.: Winston Press, 1980), p. 49.
2. Frank C. Laubach, *Prayer: The Mightiest Force in the World* (Westwood, N.J.: Fleming H. Revell Company, 1959), p. 100.
3. Letra y música de Christopher B. Hughes, © 1981. Christbearer Music. Usado con permiso.
4. Laubach, *Prayer: The Mightiest Force in the World*, p. 85.
5. Merton P. Strommen y A. Irene Strommen, *Five Cries of Parents* (San Francisco: Harper and Row, 1985), p. 72.
6. J. Manning Potts, ed., The Great Devotional Classics: *Selections from the Letters of John Wesley*, p. 6.
7. Estoy agradecida al reverendo Danny Morris, director de *Developing Ministries* [Ministerios en desarrollo], de *The Upper Room*, por darme esta idea.

Las oraciones de las últimas páginas fueron sacadas de los siguientes libros.

1. *Blessings and Prayers*. Chicago: Liturgy Training Publications, 1994.
2. *A Child's Book of Prayers*. Nueva York: Henry Holt and Company, 1985.
3. *Prayers for Children: A Golden Book*. Nueva York: Western Publishing Company, Inc., 1974.
4. *Everyday Prayers for Children*. Nashville, Tenn.: Dimensions for Living, 1993.

Acerca de la autora

Betty Shannon Cloyd es ministro diaconal en la *United Methodist Church*, y asesora en las áreas de oración y formación espiritual. Fue la coordinadora del *Upper Room Living Prayer Center* en 1993 y 1994. La autora ha trabajado como misionera en África (Zaire), como misionera local en la *Navajo Methodist Mission School* en Nuevo México, como directora de ministerios infantiles en la *United Methodist Church* y como maestra de guardería. Está licenciada por la *Southern Methodist University* (Licenciatura en educación], en Educación) y por el *Scarritt College* (maestría en educación cristiana). También ha cursado estudios en la *Tennesse Technological University* y en la *Ecole Coloniale* de Bruselas, Bélgica.

La Sra. Cloyd está casada con el reverendo Dr. Thomas Cloyd. Tienen cuatro hijos.